Kennzeichen Gelb

Warum Judenhass?

AF285290

Nationalismus, also Selbstbespiegelung,

ist eine gefährliche Krankheit.

Sebastian Hafner

Peter Böttger

Kennzeichen Gelb

Warum werden Juden gehasst?

Aufbereitete Antworten
für meine Nachkommen zur Mahnung

Impressum:

© Peter Böttger 2021

Satz und Umschlagsgestaltung: Autor

Herstellung und Verlag: BoD – Books on Demand, Norderstedt

Auch als E-Book erhältlich.

Vertrieb: BoD Buch-Shop und Buchhandel

ISBN: 9 783 752 688 115

Meine lieben Kinder, Enkel und Urenkel !

Dieses Büchlein beabsichtigt aufzuklären, zu erklären, ethische Grundsätze zu fördern und vor gedankenlosem Urteilen zu bewahren.

Wenn man über eine Sache nicht Bescheid weiß, schweigt man lieber; man erkundigt sich, um dann zu reden. Bei diesem Thema ist das mit Mühe verbunden, auch mit viel Zeit. Ich will euch helfen. Kurz fassen will ich mich, um nicht wegen zu vieler Seiten abzuschrecken. Hinter meinem Anliegen stehen zwei Wahrheiten:

Ungerechtigkeit gefährdet den Frieden und

Hass macht die Seele krank.

Wer sagt: „Lass' mich mit dem alten Kram zufrieden", der verharmlost; Judenfeindschaft ist aktuell (und alt). Viele wissen aber gar nicht warum. Jeder sollte dem Hass entgegentreten und ruhig einmal jemanden belehren. Sehr oft, zu oft wurden und werden Menschen fremder Art erst beiseitegeschoben, dann beschimpft, geschlagen und schließlich ermordet. Zu oft wird vergessen, dass böse Stimmungen im Volk gefährlich sind und man, wo es sich nötig macht, schnell etwas dagegen tun sollte. Manchmal entwickeln sich für eine ganze Gesellschaft missliche Umstände. Und dann treten Leute auf den Plan, die Schuldige suchen und vermeintlich gefunden haben. Deren böse Absichten und Irrtümer müssen aufgedeckt werden. - Nun erwartet niemand, ihr solltet alle Volksredner werden. Nein, aber in der Familie, mit der Erziehung fängt es im Kleinen an, gesunde, objektive Meinungen zu erarbeiten. Unser Name soll nicht mit dumpfem Hass, mit dummen Vorurteilen in Verbindung stehen.

Die europäischen Juden haben zur Entwicklung Europas Großes beigetragen. In den Wissenschaften haben sie Spitzenresultate vorzuweisen. Ein Drittel aller deutschen Nobelpreisträger sind Juden. Jüdische Unternehmer brachten die Wirtschaft voran. In Philosophie, Musik, Theater, Kulturmanagement, im Sammeln und Bewahren von Kunst, in der Förderung der Kultur, im Mäzenatentum finden wir sie in großer Zahl. Im Übrigen sind sie in der Masse durch die unterschiedlichsten Charaktereigenschaften so gemischt vertreten, wie andere Ethnien auch.

Wir werden nirgends von der „jüdischen Rasse" sprechen, weil es keine Rassen gibt. Ausreichend viele wissenschaftliche Studien ergaben, dass die genetischen Unterschiede zwischen den Menschen verschiedener ethnischer Zugehörigkeit sehr gering sind und man daher nicht von abgegrenzten Arten oder „Rassen" sprechen kann. Die Rassentheorie richtete sich nicht nur gegen Juden. Sie diente auch als fadenscheinige Legitimation für den Sklavenhandel, für den Kolonialismus. Aus dem Grundgesetz sollte das Wort „Rasse" gestrichen werden, obwohl es dort lediglich dazu dient, keine Diskriminierung oder Bevorteilung von Menschen wegen ihrer „Rasse" zu erlauben. - Mein Verdienst an dieser Schrift liegt einzig und allein darin, viele Stunden gelesen, eingeordnet und Texte in kürzere Form gebracht, – komprimiert - zu haben. Die Fakten stammen von Fachleuten, deren Namen und Werke ich im Anhang dankbar nenne. Ich bin kein Historiker, kein Soziologe. Ich gebe nur weiter, was meiner Einsicht nach als richtig, glaubwürdig und menschenwürdig gelten muss.

Woraus sich Judenhass entwickeln konnte, kennzeichne ich im Folgenden mit dem fett gedruckten Wort **Hass.**

Wer sind die Juden?

Diese Frage ist ohne religionsgeschichtliche Betrachtung nicht zu beantworten. – Warum? Weil unser Wissen über jüdisches Leben vom Altertum bis in das Mittelalter nur aus religiösen Quellen stammt.

Ich benutze das Word „Jude" so, wie ich ohne einen diskriminierenden Hintergedanken „Christ", „Moslem", „Hindu" oder „Buddhist" sage oder schreibe. „Jude" ist durch den faschistischen Sprachgebrauch und Terror belastet. Aber die deutschen Juden bezeichnen sich heute immer noch selbst so und damit werden dem Name seine Identität und sein rechtmäßiger Gebrauch gegeben. In Polen ist das anders, dort schreibt und spricht niemand den Namen aus. Er wird vorsichtig in einer Hülle verpackt. Zu groß ist immer noch die Trauer um die Massenopfer unter den polnischen Juden und den Polen selbst.

Ich bin in Österreich angeeckt, als ich einen guten Judenwitz erzählen wollte. Erschrocken lehnten die Leute ab, davon etwas hören zu wollen. Es war kein Witz über die Juden, sondern einer von einem Juden. Gut sind die jüdischen Witze, weil Geist und Witz sich gegenseitig bedingen. Und Geist haben die Juden. Balzac bestätigt diese Ver-

knüpfung so: „Witz ist des Verstandes Gabe." Ich will mit dieser Ab-
schweifung nur ausdrücken, wie schwierig es ist, in der Öffentlichkeit
über Juden überhaupt zu reden. Auf den Witz kommen wir zurück.

Die Wurzeln

Die biblische Figur des MOSES ist historisch nicht nachweisbar. Er
soll das Volk Israel aus der Gefangenschaft in Ägypten geführt haben.
In der Erzählung der Bibel wird nicht einmal der Name des herrschen-
den Pharao genannt. Manche gutwilligen Forscher hätten gern, dass es
Ramses II. war, können es aber nicht beweisen. Dadurch kann dem
Auszug aus Ägypten keine annähernd verlässliche Zeit zugeordnet
werden. Die Juden berufen sich auf MOSES, der auf dem Sinai von
Gott selbst neben den 10 Geboten das Versprechen erhalten haben
soll, seinem Volke werde das Land Kanaan „wo Milch und Honig flie-
ßen" zugesprochen. - Viele in der Bibel vorkommende Personen, Ge-
schehnisse und Orte sind jedoch durch die Archäologie und die litera-
turhistorische Forschung belegt. - Das Judentum ist bis heute trotz vieler Spaltungen oder Glaubensrichtungen durch die hebräische Religion
geprägt. Sie entwickelte sich über Jahrhunderte. - Jüdische Stämme siedelten schon sehr lange auf den Gebieten des heutigen Israel, Palästi-
nas, Jordaniens und Syriens. (1400 oder 1300 v.Chr.) Sie waren Hirten,
Nomaden und gaben sich schließlich einen König im südlichen Teil,
dem Reich JUDA. (Saul, David, 1000 v. Chr. / Sohn: Salomo)   Die
hebräische Bibel und damit Teile des Alten Testaments der späteren
christlichen Bibel wurden im 9. und 8. Jhdt. vor unserer Zeitrechnung
als heilige Bücher zusammengefasst.   Im nördlichen Reich ISRAEL,

nördlich von Jerusalem, herrschten Richter, Stammesführer und Priester. Die dortigen 10 Stämme verweigerten dem König David die Gefolgschaft. Es entstanden in beiden Reichen Städte. Das Reich Israel ging 722 mit der Eroberung durch die Assyrer unter. Die Assyrer verschleppten die Juden und siedelten Menschen aus Babel an. Die 10 „umgesiedelten" Stämme wurden in Assyrien assimiliert; sie waren nie mehr nachweisbar. Sie sind die „ 10 verlorenen Stämme". - Das Reich Juda ereilte das Schicksal 135 Jahre später, als die Babylonier unter Nebukadnezar II. einfielen und den Tempel Salomos in Jerusalem 587 v.Chr. zerstörten. Vor allem die Mittelschicht und die Eliten der Juden mussten den Marsch in die babylonische Gefangenschaft antreten. Sie dauerte etwa 50 Jahre. Während dieser Zeit lebten die Juden in eigenen Siedlungen oder Stadtteilen, neben den Babyloniern. Sie durften ihren Glauben ausüben und weitere Literatur entstand, die in die Schriftsammlungen der Juden einging. - Die großen Machtverhältnisse änderten sich: Die Perser unter König Cyrus herrschten in der gesamten Region bis ans Mittelmeer. Dank Cyrus durften die Juden in ihr „gelobtes Land" zurückkehren. Den Tempel bauten sie wieder auf.

Alexander der Große siegte 333 in der Schlacht bei Issos gegen den Perserkönig Dareios III. Damit begann der Untergang des Perserreiches. Palästina gelangte unter makedonisch-griechische Herrschaft. (Alter Schulreim: „Drei drei drei, bei Issos Keilerei".)

Aufstände, Kriege und Verschleppungen beherrschten das Leben der Völker über Jahrhunderte. Die Juden waren oft die Verlierer. Sie blieben sich aber in ihrem Bewusstsein als „von Gott auserwähltem

Volk" immer treu. Das bewirkte ihr Glaube, der durch Priester und die späteren Rabbiner stark kontrolliert wurde.

Die Seleukiden aus den nördlichen Gegenden des heutigen Syrien kämpften gegen die Ptolemäer aus Ägypten um Palästina. Die Ptolemäer verloren. Judas Makkabäus, (Geschlecht der Makkabäer) führte den großen Aufstand gegen die neuen Unterdrücker, die Seleukiden. Es gelang den Juden, noch einmal für etwa 100 Jahre politische Unabhängigkeit zu erlangen. Seleucos und Ptolemäus waren neben anderen einst von Alexander als Diadochen eingesetzt worden. (altgriechisch: Nachfolger) In den Feldzügen waren sie seine treuesten Heerführer gewesen. Diadochen herrschten in seinem Auftrag über die Teile seines eroberten Reiches bis nach Indien. Nach seinem Tode handelten sie wie Monarchen nur noch im eigenen Interesse. (Diadochenkriege) Einige dieser Geschlechter regierten über viele Generationen. Letzte ptolemäische Königin über das ägyptische Alexandrien war die berühmte Kleopatra VII. Sie nahm sich 30 v. Chr. das Leben, weil sie ihr Reich an die Römer verlor.

Ab 300 v.Chr. verließen viele Juden ihr karges Judäa. Die makedonische Herrschaft brachte das weltoffene Denken mit. Die Verkehrswege des Hellenismus waren bekannt und reger Betrieb herrschte. Als später die Römer kamen, gab es Auswanderer-Wellen nach Alexandrien in Ägypten, in nordafrikanische Küstenstädte, das hellenistische Kleinasien (heute Türkei), nach Rom und in andere Städte im Römischen Reich. Angesiedelt passten sich die Juden den jeweiligen Kulturen an.

Weil sie an ihrer Religion festhielten, erwarben sie ihre über mehr als 2000 Jahre verbindende Identität.

Im Jahre 63 v. Chr. eroberte der römische Feldherr Pompejus Jerusalem. Der langsame Untergang der jüdischen Einheit und Souveränität nahm seinen Anfang.

In einem 7-jährigen Unterwerfungsfeldzug gelang es den Römern nicht, den Unabhängigkeitswillen des jüdischen Volkes zu brechen. Im Jahre 70 n. Chr. zerstörten die Römer als Sieger im Jüdischen Krieg den zweiten Tempel zu Jerusalem. Doch der Widerstand der Juden setzte sich fort. Als die Römer im Jahre 73 nach langer Belagerung die Felsen-Festung Masada einnahmen, fanden sie nur Tote. Die fast 1000 Männer, Frauen und Kinder entgingen ihren Unterdrückern durch erweiterten Selbstmord.   Flucht und Vertreibung der Juden in andere Teile des Römischen Reiches begann. Aber immer noch lebten Juden in ihrer angestammten Heimat. - Gegen die römische Herrschaft gab es 132 bis 135 n. Chr. den jüdischen großen Aufstand. Dabei kamen 1,1 Millionen Juden um. Als Sklaven verschleppte man 100 000 Juden nach Rom. Wenige Überlebende blieben in Galiläa und am Golan. Anderen gelang die Flucht in bestehende jüdische „Kolonien" im Römischen Reich und nach Persien.

Es wurde den Juden bei Todesstrafe verboten, Jerusalem zu betreten.

Das Volk der Juden schätzen Historiker um das Jahr 70 auf etwa 4 Millionen Menschen.

Jesus wurde wahrscheinlich in Jahr 7 vor der neuen Zeitrechnung geboren. Seine Hinrichtung wird für das Jahr 30 angegeben. Jesus war Jude. Von den eigenen Landsleuten angeklagt, von den Hohepriestern verurteilt, sollte der römische Statthalter Pontius Pilatus das Urteil „Kreuzigung" bestätigen. Der zweifelte an einer todeswürdigen Tat des Jesus. Dieser hatte sich König, Messias, Retter nennen lassen, aber erklärt, dass sein Reich nicht von dieser Welt sei. Der Stadthalter hörte ihn an und sagte: „Ecce Homo" - „welch ein Mensch". Schließlich befragte der Römer das versammelte Volk, die Juden, ob der Mann schuldig sei. Sie schrien „kreuzige!" weil sie eine aufgehetzte Menge waren, von solchen manipuliert, die um ihre Macht fürchteten. Die Hohepriester wollten in Jesus den verheißenen Messias nicht erkennen. So die Überlieferung. - Dieses Verurteilen legte den Grund für den **Hass** auf Juden im christlichen Denken. Als „Christusmörder" galten die Juden für viele Jahrhunderte.

Jesus erhielt in der jungen Kirche den griechischen Titel „Christos", „der Gesalbte" oder „Gottessohn". Die Bezeichnung ist noch vieldeutiger. Die ersten Christen, Bekenner eines neuen Glaubens, waren Juden. Anhänger aus anderen Völkern wurden schnell gewonnen. Griechen waren mit die ersten darunter.

Wie die jüdische Religion basiert die christliche auf den Schriften der Bibel. Sie führt ihre Abkunft, wie die Juden, auf den Stammvater

Abraham zurück. Daher werden beide Religionen „abrahamitisch" genannt. Die 600 Jahre später entstandene islamische Religion ist die dritte gleichen Ursprungs. Das wichtigste Kennzeichen aller drei ist, sie kennen nur den einen Gott, sie sind monotheistisch.

Die hebräische Bibel bildet mit der Thora bis heute als Heilige Schrift der Juden das Gesetz jüdischen Glaubens. Aus dem größten Teil der hebräischen Bibel wurde für die christlichen Kirchen das Alte Testament. Die neuen Evangelien seit Jesus Christus bilden das Neue Testament. Beide zusammen sind die christliche Bibel.

Der Begriff „Antisemitismus" kommt daher, dass die Juden auch als „Semiten" bezeichnet wurden. Sem oder Shem war, der biblischen Legende nach, ein Sohn Noahs. Er gilt als Stammvater lange vor Abraham; also gleich nach der Sintflut gründete er seinen Stamm. Die Araber sollen auch Semiten sein, aber das verfolgen wir nicht weiter.

Juden in der Antike und im Mittelalter

Als das Römische Reich sich ausdehnte, neue Militär-Kolonien entstanden, in deren Folge neue Städte, waren jüdische Händler und Kolonisten gefolgt. Jedoch, nach den römisch-jüdischen Kriegen waren es nur noch jüdische Flüchtlinge und Sklaven.

Die iberische Halbinsel war römisch. Juden nahmen an, das Land sei das biblische Sefarad. Da wollten sie gerne sein und nannten sich „Sephardim". Sie blieben lange, auch unter den Mauren, bis sie nach mehr als tausend Jahren (!) zwischen 1492 und 1513 aus ganz Spanien und Portugal vertrieben wurden. Sie flüchteten nach Nordafrika und ins Osmanische Reich, wozu auch Palästina gehörte. Sie nahmen einen orientalischen Lebensstil an und nannten sich weiterhin „Sephardim".

Juden kamen auch in die römische Colonia agrippinensis, also nach Köln und in andere Rheinstädte. Hier nahmen sie an, die Germanen seien Abkömmlinge des biblischen Aschkenas und nannten sich demnach selber „Aschkenasim". Der erste christliche römische Kaiser, Konstantin, vergab im Jahre 321 an die rheinischen Juden Privilegien, vor 1700 Jahren.

Seit Karl dem Großen setzte die Christianisierung der Germanen ein. Späteren Zügen deutscher Kaiser nach Osten schlossen sich Juden an. Das Jiddisch entwickelte sich seit dem 9. Jahrhundert schon am Rhein aus germanischen, lateinischen und hebräischen Elementen.

Aus England vertrieb man alle Juden im Jahre 1290, ab 1314 gleichermaßen aus Frankreich. Aus deutschen kaiserlichen Reichsstädten mussten die Juden wie aus Spanien und Portugal im 15. Jhdt. weichen. Pogrome gegen die Juden gingen den Ausweisungen voraus. Wo diese Menschen lange schon heimisch waren, in Städten und Gemeinden, wurden sie geschlagen, beraubt und gemordet. – „Pogrom" kommt aus dem Russischen und heißt Zerstörung, Verwüstung. Diese, in den nichtjüdischen Bevölkerungen spontan ausbrechenden Exzesse blieben eine stets lauernde Gefahr. Pogrome wurden aber auch politisch gesteuert. Der **Hass** wurde gestreut und im Kalkül benutzt. Einmal ist der Hass religiös begründet, aber mehr und mehr kroch er zweitens aus dem materiellen Neid.

Juden im „Heiligen Römischen Reich deutscher Nation" vom Mittelalter bis 1806

Gute Zeiten

Nach der Teilung des Frankenreiches eröffnete sich um 918 unter dem Sachsen-König Heinrich I., dem „Vogler", der deutsche Weg. Heinrich sprach als erster vom „Regnum Teutonicum". Sein Sohn Otto I., „der Große" gründete um 950 das „Heilige römische Reich deutscher Nation". - Schauen wir aber erst in das Jahrhundert davor:

Karl der Große, Kaiser ab 800, hasste die Juden nicht. Er erließ jedoch ein Gesetz, das es ihnen verbot, unter den Christen zu missionieren, also für die jüdische Religion zu werben. Die Bischöfe passten in seinem Auftrag auf. Da die christlichen Mächtigen, allen voran der Kaiser, sehr mit den Heiden, den germanischen und slawischen Völkern oder Stämmen beschäftigt waren, mit ihnen Unterwerfungskriege führten, ließ man die Juden in Ruhe. Mit ihren heiligen Schriften, zuerst der Thora, das sind die 5 Bücher Mose, hatten die Juden ein ausgefeiltes Rechtssystem. Der Talmud entwickelte sich seit 500 n. Chr. als eine Sammlung verbindlicher Bibelauslegungen, Regeln und Vorschriften, auch Lehrmeinungen bedeutender Rabbiner. Untrennbar verknüpfte der Talmud das religiöse Gesetz mit den täglichen praktischen Verhaltensregeln. Man sagt, es gäbe 613 Verbote. Dazu kommen die Gebote. Eine große Zahl von Anweisungen und Vorschriften (6000?) sind festgelegt. So z.B. für Hochzeit, Ehe, Ehe-Scheidung, Gestaltung des Sabbat (Ruhetag Samstag, beginnt freitags am Abend), Gestaltung von Festtagen, für Fasten und rituelle Reinigung. Auch Fragen des Zivil-,

Schadens- und Strafrechts werden behandelt. Die Speisevorschriften sind dort festgelegt. Diese und auch die Beschneidung sind religiöse Dogmen. Der Gedanke, dass beide sich auf Hygiene-Vorschriften der klugen Religionsstifter zurückführen lassen, muss gestattet sein. Schweinefleisch verursachte wegen Trichinenbefalls Krankheit und Tod. (Winziger Fadenwurm, umgibt sich in der Muskulatur des Endwirtes mit einer Kalkhülle, schmerzhaft bis tödlich.) Erst in den 1890er Jahren gab es in Deutschland die gesetzliche Vorschrift zur mikroskopischen Fleischbeschau direkt nach der Schlachtung. So konnten sich gehabte epidemische Trichinose-Vorfälle nicht mehr wiederholen.

Wir respektieren das Schweinefleischverbot bei Juden und Muslimen ohne sie zu belehren, weil es nun mal zu beider Religionen gehört.

Die jüdischen Gemeinden hielten sich an die Vorschriften und kontrollierten ihre Mitglieder, geführt vom Rabbiner. Das Schlimmste, was einem Juden passieren konnte, war der Ausschluss aus der Gemeinschaft. Da war er praktisch vogelfrei. Die Selbstdisziplin, verbunden mit einem starken Gefühl für Zusammengehörigkeit, schützten die Juden mehrere hundert Jahre vor Anfeindungen; Ausnahmen nicht ausgeschlossen. Die Juden am Rhein waren Bauern, Winzer, Handwerker, Juweliere, Buchbinder. und auch Ärzte. In karolingischer Zeit importierten Juden Waren aus dem Orient. Die Kaufleute unternahmen lange und risikoreiche Reisen für ihre Geschäfte. Karl der Große setzte einen Juden namens Isaak als Führer einer Gesandtschaft an den Kalifen von Bagdad, Harun al Raschid, ein. Dieser Isaak kehrte schließlich ohne die auf der Reise verstorbenen Diplomaten mit reichen Geschenken des Kalifen für Karl zurück. Das Hauptgeschenk war ein junger weißer Elefant, in den sich der Kaiser verliebte. Seinen Namen, Abulabas, und Isaak hat der Mönch Einhard in den Jahrbüchern Karls verzeichnet.

Im 10. Jhdt. bauten die Bischöfe am Rhein ihre weltliche Macht aus. Dabei traten sie auch als Kriegsherren auf. Ihre Städte und Siedlungen regierten sie mit Edikten. Darin findet sich eine Formulierung, die den Handel betrifft. Es heißt dort sehr einfach und Normalität kennzeichnend: „die Juden und andere Kaufleute…". Der Rhein war die Wasserstraße für einen regen Warenverkehr und an seinen, wie auch an den Ufern von Mosel und Main, entstanden große und kleinere Städte, die wir bis heute kennen. Die Schätzungen, wie viele Juden in der Rhein-Maingegend lebten, reichen von 20 000 bis 50 000. Im gesamten römisch-deutschen Reich, die Schweiz und die Niederlande eingeschlossen, sollen es am Ende des 14. Jahrhunderts 100 000 gewesen sein. Die Annahme, das sei etwas mehr als ein Prozent der Gesamtbevölkerung von zwölf Millionen ist zulässig. Und dieser kleine Kreis fiel durch Betriebsamkeit, Können und Wohlstand auf. - Aus Neid entstand **Hass.**

Kaiser Heinrich IV. (um 1075) erneuerte in den Städten die „Privilegien" der Juden, welche sie von ehemals regierenden Bischöfen erhalten hatten. Sie waren sogar damit angeworben worden. Diese Vorrechte schützten die Juden vor Angriffen und gleichzeitig machten sie sie vom Herrscher abhängig. Er konnte sie nach Belieben besteuern und ausweisen. Die jüdischen Gemeinschaften in den Städten erkoren sich für die politischen Angelegenheiten jeweils ein Gemeindeoberhaupt, von den Nichtjuden „Judenbischof" genannt. Dieses Amt bezeugte nach außen eine gewisse Autonomie der Juden und blieb teilweise bis in das 19. Jhdt. erhalten. Das Zusammenwirken von Privilegierung, Schutz, Fürsprache und beruflicher Leistung ermöglichte eine gehobene jüdische Lebensweise. Diese wurde natürlich mit Neid betrachtet. Ärmere Nichtjuden zeigten ihren **Hass.**

Die streng abgeschirmten religiösen Bräuche und Handlungen der frommen Juden sorgten für böse Unterstellungen. Sie würden christlich geborene Säuglinge rituell töten. Daraus folgte **Hass.**

Bruch

Alle Schutzbriefe nützten den rheinischen Juden nichts mehr, als der erste Kreuzzug sich, aus Frankreich kommend, über den Rhein wälzte. Papst Urban II. hatte diesen ersten Zug zur Rückeroberung Jerusalems für die Christen im Jahre 1095 ausgerufen. Er sollte für die Kreuzzügler und die Bevölkerungen der Durchgangsländer zu einem schrecklichen Desaster werden. Heinrich IV. hatte von Italien aus geschrieben, die Juden stünden unter seinem Schutz. Die „edlen" Ritter und die mitziehende hungernde und raubgierige Masse hörten das nicht. Juden wurden überfallen, beraubt, erschlagen. Sie starben lieber, als sich zwingen zu lassen, den christlichen Glauben anzunehmen. Sie versagten sich durch Selbstmord oder wurden getötet, auch durch Feuer.

Die weiteren Kreuzzüge, nach denen sich westeuropäische Christen in der Levante ansiedelten, hatten zur Folge, dass den Juden der Handel mit orientalischen Waren ins „Abendland" aus den Händen genommen wurde. Die Händler waren nun Christen für Christen.

Die Juden waren bis dahin ein andersartiges Element in den westlichen Kulturen. Nun wurden sie zu „Gezeichneten". Verdrängt aus dem internationalen Handel schob man sie in das von Christen verachtete Gewerbe der Geldwechsler. (Viele unterschiedliche Währungen mussten verglichen und bewertet werden.) Daraus wurden Geldverleiher. Unlautere Praktiken und Wucherzinsen hat es sicher gegeben; daraus entsprang **Hass**. – Und so kam es vor, dass der Geldverleiher als Gläubiger unangenehm wurde, wenn dem Schuldner die Schulden über den Kopf wuchsen. Nicht selten wurde der lästige Jude erschlagen.

Hier muss gefragt werden, auf welche Art und Weise die Fugger und Welser in Nürnberg, die Medici in Florenz ihren Reichtum erwarben. Sie waren Christen und nahmen doch Zinsen, die von den Kirchenvätern einst verboten worden waren. Sie bedienten Kaiser und Fürsten mit Geld und ließen sich dafür mit Ländereien, Erzgruben und besonderen Schutzprivilegien vergüten. Sie erwarben Ruhm und Macht mit fragwürdigen Praktiken. Den Juden brachte sogar legaler Erfolg statt Ruhm **Hass** ein.

Bald gab es Vorschriften, welche Berufe die Juden ausüben durften und welche für sie verboten waren. Sie durften Geldwechsler, Ärzte, Schneider, Hausierer, Viehhändler, Abdecker und Spielmann sein. Alle

„Ehrbaren Handwerke", die sich in Gilden oder Zünften selbst organisierten, waren für die Juden tabu. Sie wurden nicht in diese Interessenverbände aufgenommen. Übte ein Jude außerhalb der Stadt auf einem Dorf ein Handwerk aus, nannte man ihn „Störer" oder „Pfuscher" und machte ihm das Leben schwer.

Kennzeichen Gelb

Im 13. Jahrhundert galten Juden nicht mehr als Nachbarn, sondern als Europas Ungläubige. Kardinäle und Bischöfe ersannen Unterscheidungsmerkmale zwischen Juden und Christen. Der Stauffer-Kaiser Friedrich II. setzte deren Vorgaben aus dem Konzil von 1215 um und so mussten sich die Juden Italiens den „Gelben Fleck" auf ihre Kleidung nähen. In deutschen Landen galt dieses Gebot erst im 15. Jahrhundert. Es war ein gelber Ring aus Stoff, der deutlich gezeigt werden musste. Geschah das nicht, wurde er vielleicht in einer Gewandfalte verborgen, zahlte der Ertappte eine hohe Geldbuße. Ein Pfalzgraf schaffte von Mannheim ausgehend im Jahre 1691 das Gebot zum Gelben Fleck ab. - Die Idee, Andersgläubige zu kennzeichnen, hatte schon der oben erwähnte Harun al Rashid. Bei ihm trugen Juden einen gelben Gürtel, Christen einen blauen.

Die Juden im „Dritten Reich" mussten den gelben Davids-Stern tragen. Der DDR-Schriftsteller Peter Edel schreibt in seinem Buch „Wenn es ans Leben geht", dass er seine Aktentasche im angewinkelten Arm vor dem Stern trug, um unbeschadet über die Straßen Berlins zu kommen. Ich streue das ein, weil schon die Zeitspanne zwischen dem 13. und dem 20. Jahrhundert die ungeheuer lange Zeit misst, in der ´zig Generationen von Juden ins Unehrenhafte abgedrängt worden sind. Nach dem Befehl, den Gelben Fleck zu tragen, erließen Rabbiner für die Juden Kleidervorschriften und geboten damit den wohlhabenden Juden, ihren Wohlstand zu verbergen, um den **Hass** nicht herauszufordern.

Im Mittelalter beherrschten bei den Christen nur Geistliche und Gelehrte das Schreiben. Alle jüdischen Söhne lernten in ihrer heiligen Sprache, dem Hebräischen, schreiben und lesen. Die Mädchen und Frauen, vom Talmud-Unterricht ausgeschlossen, lernten aus jiddisch verfassten oder übersetzten Büchern. Damit hatten die Juden in der Regel einen höheren Bildungsstand als ihre Nachbarn. Die Juden lasen auch, was es an westeuropäischer Literatur gab. So kannten sie die Edda, das Nibelungenlied, die König-Artus-Legende und manche Ritter-Romane. Das hob sie ab in der Gesamtbevölkerung und darum wurden sie beneidet; ein Grund für **Hass**. Es gab sogar einen jüdischen Minnesänger, den Süsskind von Trimberg. Er trat an den gleichen Höfen auf wie Walther von der Vogelweide und Genossen. Seine Lieder waren melancholisch. Und als der gelbe Fleck getragen werden musste, trat er von der Bühne ab, lebte ganz zurückgezogen. Lange noch gab es die jiddischen Spielleute. Man wusste ja, dass es auf jüdischen Hochzeiten laut und freudig zuging mit Musik und Tanz. Das wollten die Nachbarn auch so bei sich haben. Mächtige und Reiche ließen diese Spielleute zu ihren mannigfaltigen Festen auftreten. Da waren sie willkommen.

Jüdische Gelehrsamkeit und Zeit der Erweckung

Es gab am Ende des 10. Jahrhunderts eine langsame Abkehr vom orthodoxen Glauben bei den Juden. Das Studium des Talmuds erlebte einen Aufschwung. Weil die besten jüdischen Gelehrten in Italien lebten, veranlassten reiche jüdische Familien solche weisen Männer nach Aschkenas, in die deutschen Lande, zu holen. Das gelang und die Aschkenasim passten sich neuen Lehren und Verordnungen der Rabbiner an. Ein berühmter Rabbi aus Mainz erließ Rechtssprüche von allgemeiner und tiefer Bedeutung, wie: Verbot der Bigamie/ Verbot der Scheidung, wenn die Frau nicht zustimmte/ Unverletzlichkeit des Briefgeheimnisses. Das muss man vorhumanistisch nennen. In den jüdischen Gemeinden entwickelten sich Formen der Selbstverwaltung ohne Druck von Herrschern und auf Dauer.

In den Talmud-Schulen lernten alle Jungen und jungen Männer systematisch. Dort trainierte man jeden im Erkennen, logischen Denken, für das Streitgespräch oder die Diskussion, natürlich auf der Grundlage der religiösen Gesetze und Vorschriften. Was darf man, was nicht, warum nicht, wo nicht, wann nicht; bildete z. B. ein riesiges Arsenal zum Teil kniffliger Fragen. – Die Nachbarn erkannten oder fühlten die geistigen Fähigkeiten der Juden, die ihnen selbst fehlten. Neid und **Hass** entstand auch daraus.

Noch gefährlicher war, dass die Juden auch Hochschulen hatten. Dort lehrten und studierten die „Eingeweihten", die besten Köpfe, und ihre Lehren waren streng geheim. Im Wesentlichen ging es darum, Geheimnisse und Rätsel in den heiligen Schriften zu lösen. Dazu wandte man auch Magie an. Kabbala heißt die mittelalterlich-jüdische Geheimlehre. Das musste geradezu Verdacht erzeugen, aus dem Lügen erwuchsen, die den **Hass** verstärkten. Grausame Legenden wurden in die Welt gesetzt und seit der Erfindung des Buchdruckes flatterten, für jeden „lesbar", massenhaft verleumderische Holz- und Kupferstiche gegen Juden-Sekten durch die Lande. Und so flohen ab dem 15. Jahrhundert die Juden in großer Zahl in osteuropäische Länder. Das war für die jüdischen Gemeinden wie ein Aderlass. - Von Zeichnern, die sogar für die sogenannte „Schedelsche Weltchronik" arbeiteten, gibt es eine Darstellung vom Abstechen eines Knaben durch gelehrte Juden zur rituellen Blutgewinnung. Auch die „Judensau" wurde erfunden. Das war besonders perfide, denn jeder wusste, wie streng Juden Schweine meiden, ihr Fleisch nicht essen dürfen. Auf Abbildungen und in Stein gehauen saugen sie an ihren Zitzen und tun anderes Unaussprechliches. Der **Hass** muss tief befriedigt worden sein.

In Osteuropa bildeten deutsche Juden für 500 Jahre das Fundament jüdischen Lebens. Der Schriftsteller Karl Emil Franzos schrieb einen Roman über das Leben in den „Schtetln", der uns genaue Schilderung davon gibt. „Der Pojatz", 1893, erzählt von einem begabten galizischen Jungen, der Schauspieler werden will und in seinem ganz anderen Umfeld die Stücke von Lessing, Schiller und anderen Klassikern studiert. Sein Vater war ein Pojatz, ein Spaßmacher, der weite und lange Bettel-Runden in den Schtetln unternahm um seine kleine Familie zu ernähren. Pojatz war von Bajazzo hergeleitet. Unterhalten wollte der Junge auch, aber anders als der Vater, gehobener. Hatte ein Jude nicht die Fähigkeiten zum Kaufmannsberuf oder eines Geldwechslers, blieb ihm oft nur als Bettler seinen Unterhalt zu finden. Unter den Bettlern gab es Leute, die in den Wirtshäusern Geschichten und Schnurren erzählten und das mitunter zu Kleinkunst kultivierten. Pojatz wurden sie genannt und mit Essen und Trinken belohnt. – Den „Pojatz" zu lesen lohnt sich, weil Denkart und fromme Lebensweise der „Ostjuden" authentisch geschildert werden.

Die besondere Klasse des jüdischen Witzes ist der ostjüdische, der jiddische. Während die Westjuden im Kampf um Emanzipation Deutsch als ihre Sprache neben dem Hebräischen pflegten, sprachen die Juden im Osten vorwiegend jiddisch. Es gibt Bücher über den jiddischen Witz. Schwer ist es, jiddische Witze ins Deutsche zu übersetzen. Da verlieren sie mehr oder weniger ihre Vieldeutigkeit. Jakob Hessing sagt, das Leben der „Ostjuden" war so miserabel, dass man es nur mit Humor ertragen konnte. Schon die jiddische Sprache selbst zwinge dem Sprecher nicht nur Ironie, sondern auch Selbstironie auf. – Es muss sein; hier kommt eine Probe aus Hessings Buch „Der jiddische Witz":

Ein Reisender fragt am Bahnhof den Kutscher, ob er ihn samt Koffer ins Schtetl fahren könne. Aufsteigen, Koffer hoch, los.

Der Weg führt bergan. Der Kutscher steigt bald ab. Dann nimmt er den Koffer und trägt ihn. Schließlich sagt er, sein Pferd sei schon alt und habe es mit dem Berg zu schwer. Höflich fragt er den Fahrgast, ob er nicht ein paar Schritte zu Fuß gehen könne, man wäre gleich oben. – Der Mann steigt aus.

Oben sagt er zum Kutscher: „Alles habe ich verstanden. Ich bin hier, weil ich ins Schtetl muss. Sie sind hier, weil sie etwas verdienen müssen. Aber sagen Sie mir – warum ist das Pferd hier?"

Der Kutscher übernimmt nach und nach die Arbeit seines Pferdes, weil er sich kein junges, starkes leisten kann. Der Reisende kommt aus dem Westen und erlebt, wie erbärmlich es im Osten zugeht. Am Ende dachte er vielleicht, der Kutscher solle seine Mähre zum Schlachter bringen. Aber davon erfahren wir nichts. Der Witz endet mit einer Frage, die wir auslegen können. Der Erzähler lacht über das Los seiner Leute, weil er lachen muss um nicht zu weinen. - Wegen der allgemeinen Not versuchten viele Ostjuden in Deutschland ihr Auskommen zu finden oder fuhren weiter nach Amerika.

Wir kehren aus dem 19. in das 14. Jahrhundert zurück. - Verheerend war für die Juden der Ausbruch der Pest, der „Schwarze Tod" genannt. Weil 1348/49 niemand wissen konnte, wie die Seuche entsteht, verfiel man auf die Juden. Sie hätten Brunnen vergiftet. Bewiesen sei das durch die geringe Zahl erkrankter und an der Seuche gestorbener Juden. In hunderten Städten verfolgte und tötete man Juden in regelrechten Massakern, wohlgemerkt behördlich ausgelöst, juristisch gedeckt, von der Kirche unterstützt. In Straßburg wurden in diesen beiden Jahren 2000 Juden verbrannt. Die Gerüchtemacher konnten zufrieden sein, die Magistrate sprachen sich frei von Schuld an der Pest. Sie wussten ja auch tatsächlich nicht, dass im Schmutz der Städte die Ratten und deren Flöhe die Krankheit verbreiteten. Egal, man hatte die Schuldigen erkannt. Der **Hass** flammte mit den Feuern um die Wette.

Es ist niederschmetternd, heute, im Jahre 2020, zu hören, dass dieses Corona-Virus von Juden gezüchtet und in der Welt verbreitet worden sei. – Wo leben wir?

Wir gehen ins 16. Jahrhundert und müssen erfahren, dass Martin Luther harsch gegen die Juden hetzte. Das tat er aber nicht immer. Zuerst umwarb er sie. Sie seien doch mit Jesus Christus eines Blutes. Warum sollten sie ihm nicht folgen, warum wollten sie nicht Christen werden, die Taufe nicht annehmen?- Im Alter schimpfte er über ihre Halsstarrigkeit, weil sie sich der reinen Lehre versagten. Schließlich empfahl er den Obrigkeiten, die Synagogen und Judenschulen niederzubrennen, der Juden Eigentum zu konfiszieren und sie aus dem Land zu jagen. Das waren Vorschläge, die den **Hass** nährten, denen die Faschisten etwa 400 Jahre später folgten und die sie noch schrecklich komplettierten.

In der jüdischen Gelehrsamkeit ging es vor allem um das Lösen von ethischen und juristischen Fragen. Allmählich entstand durch die Intensität des Lernens und der Spruchfindung ein geistiger Abstand zur nichtjüdischen Kultur. Die Folge: Unverständnis, Unterstellung geheimer und dunkler Vorgänge. **Hass** erhielt ständig neue Nahrung.

Während nach der ersten Pest das Waschen und Baden bei den Nichtjuden in den Ruf geriet, es mache krank und daher nicht mehr gepflegt wurde, hielten die Juden an den rituellen Waschungen fest, was natürlich mit Reinigung und Körperpflege einherging. Wieder waren sie anders. Sie verzeichneten auch nicht so viele Kranke und Todesopfer durch die Seuche, obwohl sie badeten. Das konnte nicht mit rechten Dingen zugehen. Okkulter **Hass**!

Fleisch aßen die Juden nur von Tieren mit gespaltenen Hufen, die auch Wiederkäuer sein mussten. Nur solches Fleisch war (ist) koscher, rein. Sie hielten ihre Tötungspraxis für tierfreundlich, weil das Schächten am schnellsten zum Tod führe. - So wird das Rind umgestoßen, zwischen zwei Schragen-Hölzer auf den Rücken bugsiert. Der Kopf wird mit einer Zwinge gestreckt und am Boden fixiert. Dann schneidet der von der Gemeinde bezahlte Schächter mit einem sehr langen Messer dem nicht betäubten Tier sehr schnell beide Halsschlagadern, Luft- und Speiseröhre durch. Die deutschen Fleischerzünfte empörten sich darüber. Nach mehreren hundert Jahren verboten die Nazis 1936 diese Tötungsmethode für Schlachttiere. Für die Juden eine Glaubensfrage, für die „Nachbarn" ein Triumpf. Man kann das Schächten nicht akzeptieren, sowenig wie die Jagd auf Singvögel in Italien und Ägypten. Es musste erwähnt werden, weil auch das für **Hass** sorgte.

Ein immer währender Grund für **Hass** der Christen war das Pessachfest der Juden. Es wird im Gedenken an den Auszug aus Ägypten gefeiert und liegt, weil es älter als jeder christliche Feiertag ist, ausgerechnet auf dem Karfreitag und Ostern. Da feierten dann die jüdischen Gemeinden und Familien fröhlich zu der Stunde, in der der Heiland starb; weil ihn die Juden verurteilt hatten. Hinzu kam die schreckliche

Legende, die Juden würden zu Pessach für die Herstellung ihrer Matzen Blut von Christenkindern verwenden. (Matzen: Ungesäuertes Festtagsbrot)

Synagogen waren sowohl Gebetshaus als auch Versammlungsort. Frauen hatten keinen Zutritt. - Es gab solche Orte, an denen es laut und schmutzig zuging. Die Nachbarn klagten so lange dagegen bis kluge Rabbiner ihren Gläubigen beibrachten, sich an den protestantischen Christen ein Beispiel zu nehmen. Die pflegten im Äußeren Sauberkeit und im Benehmen Bescheidenheit.

In Frankfurt am Main entstand auf Anordnung der Obrigkeit das erste Juden-Getto. Die Juden wurden in diese abgeriegelte schmale Straße umgesiedelt. Dort entwickelten sich wegen der Enge Schmutz und Gestank. Im Jahre 1614 stürmte ein Mob unter Führung des Bäckers Fettmilch das Getto in der Judengasse, raubte es aus und tötete viele Juden. Vom Kaiser veranlasst gab es einen Prozess; Rädelsführer und Spießgesellen wurden zum Tode verurteilt. Die Judengasse baute man aus dem Stadt-Säckel wieder auf und zum Einzug gab es sogar eine feierliche Prozession, Musik und Tanz. Aber mit der Zeit wurde es immer enger, alle Wohnungen waren voller Kinder und die hygienischen Umstände müssen katastrophal gewesen sein. Neue Würdenträger kümmerten sich nicht um Garantien des fernen Kaisers und überließen die Entwicklung sich selbst. Der **Hass** auf die reichen Juden, die aber übel wohnten, kroch immer weiter in das Denken der Nichtjuden.

Nicht einmal dem Stammvater der Rothschilds wurde gestattet, in besseren Gegenden der Stadt wegen seiner angegriffenen Gesundheit spazieren zu gehen. Um 1744 geboren, hat dieser Bankier seine Söhne nach und nach in den bedeutendsten europäischen Städten angesiedelt, wo sie Filialen des Bankhauses gründeten und erfolgreich führten. Schon immer neidete man den Juden ihre Geldgeschäfte, in denen sie sehr erfolgreich waren. Den jüdischen Händlern neidete man ihre Umsätze. Die weniger bedeutenden oder sogar armen Juden wurden missachtet, schlecht behandelt, um Lohn betrogen, konnten von den unwissenden Kindern gehänselt und mit Dreck beworfen werden, ohne dass sie jemand gehindert hätte.

Der Hofjude

Hofjuden waren solche, die ein regierender Fürst oder hoher Adliger in seine Dienste nahm. Sie wirkten als Finanzberater, Bankiers, Steuereinnehmer, Heereslieferanten für Pferde, Proviant, Uniformen und Waffen. Sie wussten, im großen Netzwerk angesiedelt, wo etwas zu beschaffen war. Sie besorgten auch Luxusgüter wie Edelsteine, Antiken, Gemälde und anderes Rares. Aus allem schöpften sie große Gewinne. Sie lebten auf großem Fuße, sprachen mehrere Sprachen, waren nach der neuesten Mode gekleidet. Und eines waren sie noch: äußerst risikobereit. Immer von der anderen Art, den Launen des Auftraggebers und den Einflüsterungen seiner Hofschranzen ausgeliefert, konnte sich ihr Blatt schnell wenden. Schließlich zogen sie sich den **Hass** der Untertanen zu. - Es gab einige namhafte Hofjuden. Joseph Süßkind Oppenheimer ging als „Jud Süß" in die Geschichte ein. Er war der Intimus des Herzogs Karl Alexander von Württemberg. Mit großer Ausbildung im Bankierswesen, Auslandserfahrung und regem

Geist lenkte er die Fiskal- und Steuerpolitik seines Herrn. Als dieser im März 1737 starb, wurde der Jude zum Racheobjekt. Nach langem Prozess wurde Jud Süß im Februar 1738 gehenkt, was zu einem Volksfest gestaltet wurde. Nazi-Propagandaminister Goebbels ließ darüber den berüchtigten Film „Jud Süß" drehen, sodass die Quelle des **Hass**es noch 200 Jahre nach Oppenheimers Hinrichtung kräftig sprudelte. - Ungefährdeter wurde das Leben jüdischer Bankiers im 19. Jahrhundert. Sie dienten zwar immer weiter den Mächtigen, aber mehr als Geschäftsmänner denn als Hof-Männer. Mit der kapitalistischen Entwicklung der Wirtschaft, der allmählichen Industrialisierung modernisierte sich zwangsläufig auch das Finanzwesen. Der Bankier lebte nicht mehr so glanzvoll nach außen hin, aber sicherer.

Die Berliner Gemeinde der Juden

Sie geht auf das Jahr 1671 zurück. 3000 Juden verbannte der Kaiser Leopold aus Wien. Ihm wurden es zu viele, als Massen wegen verschiedener Pogrome aus Polen in Österreich einwanderten. Der Große Churfürst von Brandenburg nahm sie auf. Friedrich Wilhelms Lande waren teilweise durch den 30-jährigen Krieg entvölkert. In seiner Stadt Berlin lebten gerademal 6000 bis 7000 Menschen. Er wollte seine Residenz-Stadt zu einem Handels- und Kulturzentrum gestalten. Dazu ließ er auch Hugenotten, Protestanten aus dem Rheinland, Arianer und Mennoniten ins Land. Die Gruppen grenzten sich in ihren Quartieren ab und brachten viel Neues und Nützliches. Die Hugenotten z. B., waren gute Textilhersteller. Den Juden bot man für 20 Jahre Privilegien an, schrieb ihnen die Lebensweise vor und legte fest, dass nur ein Kind pro Familie in der jeweiligen Gemeinde bleiben durfte. Ihnen wurde auch eine große Steuerlast auferlegt. - Wie groß muss eine Angst sein, wenn eine Menschengruppe solche Bedingungen annimmt?

Es gab in der Folge unter dem neuen „König in Preußen" für einige reiche Juden das dauerhafte Bleiberecht. Sie bauten sich großartige Häuser. In einem davon gab es eine Synagoge und das erste Badezimmer. Unter Friedrich II., dem „alten Fritz" blieben die Juden, auch die reichen, Geiseln. Er achtete scharf auf das Wachstum der Gemeinden, ließ nur ein Kind pro Familie in der Stadt bleiben und forderte immer höhere Geldbeträge. Alte Rechte beschränkte er. Sein Befördern der „Aufklärung" schloss die Juden nicht ein. Illegal in Berlin lebende Juden wurden von den jüdischen Familien als Angestellte beschützt. Und so kam auch Moses Mendelsohn als Hauslehrer in Berlin unter. Er wurde zu den Domestiken gerechnet. Noch unter dem „Philosophen von Potsdam", Friedrich II., gab es den demütigenden „Leibzoll", der an den Stadt-Toren auf Vieh und Juden zu entrichten war.

Moses Mendelsohn studierte fleißig mehrere Sprachen und Philosophie. Bei dem Seidenfabrikant, dessen Kinder er als Hauslehrer betreute, wurde er Buchhalter und schließlich Teilhaber. Er hatte Geld, aber keine Zeit, weil er zusätzlich mit wissenschaftlicher Arbeit beschäftigt war. Eines Tages gewann er mit einer Publikation einen vom König ausgeschriebenen Wettbewerb, obwohl auch Kant an diesem teilgenommen hatte. Nun war der kleine Mann mit der großen Nase nicht mehr zu übersehen. Mendelsohn wurde „außerordentlicher

Schutzjude". Das „außer…" bedeutete, dass sein Status auf seine Kinder übertragbar war. Beim „ordentlichen Schutzjude" fiel das weg.

Mendelsohn erwarb sich internationale Anerkennung, seine Schriften wurden in alle europäischen Sprachen übersetzt, aber der König verweigerte ihm die Aufnahme in die Königliche Akademie der Wissenschaften. Mit dem dort ausgeschriebenen Salär hätte M.M. die Tätigkeit in der Fabrik aufgeben und sich nur der wissenschaftlichen Arbeit widmen können. Sein innigster Wunsch war, die Juden mögen sich in der westlichen Kultur integrieren. Aber er verknüpfte die dazu nötigen Schritte mit der Bedingung, dass die Juden bei ihrer Religion, bei ihrem heiligen Gesetz bleiben müssten. „Denn", so sagte er den Christen, „was nützen euch Mitbürger ohne Gewissen?" Alle, die nach Wahrheit und Orientierung suchten, versammelten sich bei ihm. Lessing war sein Freund und nahm wahrscheinlich M.M. zum Vorbild für seinen „Nathan". Die aufgeklärten Juden sahen sich als zu „Mitmenschen" erhöht. Sie wollten keine Bösewichter, keine Parias und keine Angehörigen einer anderen Nation mehr sein. Sie waren in ihrem Bewusstsein Deutsche mit einer anderen Religion. – Der preußische Diplomat und Theologe Christian Wilhelm von Dohm verfasste 1780 die Schrift „Über die bürgerliche Verbesserung der Juden in Deutschland". Die Juden sollten die vollen Bürgerrechte erhalten und sich die Kultur des Landes noch besser zum Vorbild nehmen. Die Behinderungen, wie begrenztes Wohnrecht, außergewöhnliche und erniedrigende Steuern und Berufsverbote sollten abgeschafft werden. Er warf den Juden vor, sie hätten „einen zu kaufmännischen Geist" und sie sollten sich produktiven Tätigkeiten zuwenden. Dohm schrieb: „Wir sind der Vergehen schuldig, deren wir den Juden anklagen." Heißt, wir haben ihn mit unseren Drangsalen zu dem gemacht, wie er uns erscheint. Das war ein mutiger und wunderbarer Versuch dieses mutigen Preußen.

Kaiser Joseph II. stützte sich wahrscheinlich auf Vorschläge Dohms und erließ 1782 sein „Toleranzpatent". Eine fördernde Sprache könne mehr als eine strafende dazu beitragen, dass die Juden „dem Staate nützlicher und brauchbarer zu machen" wären. Sie sollten wohnen, wo und wie sie wollten, ihre Kinder in die staatlichen Schulen schicken und Berufe nach eigenem Willen ausüben. - Es waren in mehreren deutschen Städten Schulen entstanden, in denen das Programm der staatlichen Schulen und auch jüdische Religion gelehrt wurden. Solche Bestrebungen der Juden, wie natürlich erst recht die christliche Taufe, trafen auf den Widerstand der Rabbiner und jüdisch konservativer Kreise. Vertreter der jüdischen Emanzipationsbewegung kämpften daher an zwei Fronten: gegen christliche Integrationsgegner und gegen die Hüter der jüdischen Identität und Tradition.

In Berlin begaben sich jüdische Intellektuelle immer mehr in Kreise, wo sie dem Bedürfnis nach Diskussion, Wissensaustausch und gehobener Unterhaltung nachgehen konnten. Die berühmten Salons entstanden; jüdische. Zwei davon sind in die Geistes-Geschichte über die Literatur eingegangen. Der Salon der Rahel Varnhagen und der von Henriette Herz. Man übernahm die Kleidung und die Verhaltensweisen der Zeit. Man zeigte keinen Prunk, die Bewirtung war einfach. Es kam auf anspruchsvolle Gespräche an, man erfuhr von neuen Ideen, las vor, hörte wissenschaftliche Darlegungen. Es wurde musiziert, gesungen, rezitiert. Und das revolutionär Neue war: es durften Frauen teilnehmen. Die beiden genannten Frauen waren Gastgeber, Veranstalter und Moderatoren in Person. Wer etwas galt, etwas auf sich hielt, etwas zu sagen hatte, war willkommen. Es gab keine Hierarchien, der Ton war ungezwungen. Programmatisch gezielt gab es philosophische und naturwissenschaftliche Abendgesellschaften. Der Kronprinz und Prinz Louis Ferdinand, der ein guter Komponist war, die Brüder Humboldt, Heinrich Heine, Jean Paul, Ludwig Börne, Mirabeau, Madame Staël, Berliner Künstler wie Gottfried Schadow und andere berühmte Leute konnte man in den Salons treffen. Henriette Herz erlaubte sich, einem uralten Gebot der Juden zu widersprechen, nämlich das Haar zu verbergen. Sie zeigte ihre üppige Haarpracht offen in tollen Frisuren. Auch damit trug sie bei, Juden den Weg in die deutsche Gesellschaft zu zeigen. Heine, Börne und die zwei genannten Damen waren neben vielen anderen Juden mit ihren ganzen Familien zum Protestantismus übergetreten. – Letztendlich blieben sie in den Augen der Deutschen trotz allem Bemühen Juden. Rahel Varnhagen von Ense war gläubige Christin und in ihrem Äußeren, wie im Verhalten, deutsch. Aber sie fragte sich noch 20 Jahre nach ihrem Übertritt, wo sie denn eigentlich stand in der Welt; sie meinte, es sei ein Niemandsland. An christlich Geborene reichten die konvertierten Juden nicht heran, da konnten sie noch so reich und klug sein; oder gerade deswegen. Wir kennen auch die Klagen Heines und Börnes zu den nicht auszumerzenden Vorbehalten der Nichtjuden. Die fortwährende Judenfeindschaft, die ja dem christlichen Prinzip der Nächstenliebe und Toleranz widersprach, sorgte bei den Konvertierten für tiefe Betroffenheit. Der gleichberechtigte Beitritt zur sogenannten guten Gesellschaft blieb ihnen verwehrt.

Es gab auch im Nachbarland Frankreich und anderen europäischen Ländern Antisemitismus. Wir wollen aber nur vor der eigenen Türe kehren.

Der weitere Kampf um Emanzipation

Die Französische Revolution und der Aufstieg Napoleon Bonapartes beeinflussten das jüdische Leben außerordentlich. Der deutsche Kaiser, der Habsburger Franz II. gab die Krone des „Heiligen römischen Reiches deutscher Nation" ab und löste es damit auf. Wir können darüber nicht trauern, weil dieses Reich weder heilig noch in allen Teilen deutsch war. In den ständigen Kriegen um Macht geschahen die unheiligsten Dinge und das Prädikat „deutsch" konnte noch keine nationale Identität bezeugen. Die deutsche Kleinstaaterei gipfelte bei 348 souveränen Staatsgebilden. Der Franz nannte sich nun „Franz I. Kaiser von Österreich"; natürlich „von Gottes Gnaden".

In manchen Fürstentümern und Grafschaften befreite der Regierende die Juden vom Gelben Fleck. In Preußen mussten sich die Juden die Bärte abrasieren. Auch sollten sie sich nicht mehr durch besondere Kleidung von der angestammten Bevölkerung abheben. Das Institut „Wissenschaft des Judentums" verlangte sogar die Beschneidung als „barbarisch blutigen Akt" abzuschaffen. Im Bestreben, sich der deutschen Kultur ganz und gar anzupassen, feierten immer weniger Juden

den Sabbat. Ein Vordenker schlug vor, ihn auf Sonntag zu verlegen, zumal in Preußen und anderswo der Samstag Schultag war. Nur am Pessachfest war niemand zu Veränderungen bereit.

Als die Franzosen 1796 Frankfurt am Main belagerten und schließlich beschossen, wurde auch das Getto total zerstört. Die Stadtregierung wollte es schnell wieder aufbauen, weil die deutschen Kaufleute die Konkurrenz der Juden in nunmehr vielleicht allen Stadtteilen fürchteten. Das Wirken Napoleons verhinderte ein neues Getto. Er gründete aus den eroberten Fürstentümern den „Rheinbund". Als Primas dieses Bundes und Großherzog von Frankfurt ernannte Napoleon den Uradeligen Karl von Dalberg. Dieser war für die Gleichberechtigung der Juden. Trotzdem verlangte er von ihnen 440 000 Gulden für neue Privilegien. Sie zahlten diese Summe innerhalb eines Jahres, galten danach als „gleichberechtigt" und wurden respektvoll „Israeliten" genannt.

In Berlin lebten zu Anfang des 19. Jahrhunderts etwa 3000 Juden. Das war weniger als 2 Prozent der Bevölkerung. Im öffentlichen Bild fielen sie nicht mehr durch andere Kleidung und bestimmtes Verhalten auf. Als durch das Bestreben preußischer Reformer wie Graf von Hardenberg, Freiherr vom Stein und Wilhelm von Humboldt 1810 die Universität zu Berlin öffnete, studierten sofort auch sechzehn Juden. Das entsprach sieben Prozent der Studentenschaft. Die Stadt Berlin bot den Juden große Betätigungsfelder durch ihre Größe, den Königshof und das wachsende wirtschaftliche Gefüge, dessen Teil sie selbst waren und immer stärker wurden. Der Ursprung jüdischer Emanzipation in

Preußen lag erstens in den Anordnungen des Siegers Napoleon und daraus folgend in dem Edikt des preußischen Königs von 1812, durch welches sie allen Bürgern gleichgestellt wurden. Mit der Industrialisierung und grundlegenden Modernisierung gelangten die Juden zu dem persönlichen Status eines Rechtsobjektes des Staates. Wege über die Vorstände der jüdischen Gemeinde waren nicht mehr notwendig.

Die „Judenfrage"

Dieser Begriff entstand um 1830. Die Emanzipation vollzog sich als erste substanzielle Veränderung für die Juden seit 1500 Jahren. Der Hintergrund dieser Veränderungen war geprägt von Entgegenkommen und Ablehnung. Mit der raschen gesellschaftlichen Entwicklung, der technischen Revolution mit Dampfmaschine, Eisenbahn und massenhafter industrieller Produktion meldeten sich viele Stimmen, die Forderungen nach einem selbstbestimmten Leben in Gerechtigkeit stellten. Bauern wollten sich aus feudalen Strukturen und damit aus Fronarbeit und doppelter Besteuerung lösen. Und so sahen sich auch die Juden nunmehr als deutsche Bürger, denen man keine Sondersteuern auferlegen konnte und denen Berufsfreiheit zustand.

Solchem berechtigten Verlangen entgegenwirkend entstand die spöttisch so genannte „Teutomanie". Das heißt es gab eine völkische Bewegung, die das Deutschtum als gottgegeben verklärte. Und alles, was nicht durch Geburt dazu gehörte, war auszugrenzen.

Der Philosoph Johann Gottlieb Fichte lieferte dazu in seinen Büchern, z.B. „Reden an die deutsche Nation" eine ideologische Grundlage. Er schürte die Zweifel, dass die Juden in die deutsche Gesellschaft einzugliedern seien. Sie stellten für ihn „eine finstere Macht" dar und bildeten einen „Staat im Staate".

Man sollte, so empfahl er, den Juden die Köpfe abschneiden und solche aufsetzen, in denen nicht eine Spur jüdischen Geistes zu finden sei. Auch sollte es möglich sein, „ihr gelobtes Land zu erobern und sie alle dahin zu schicken." Man könnte ihn direkt als „nationalsozialistischen Propheten" bezeichnen.

Diese geistigen Fundamente des **Hasses** vergrößerte Fichte, indem er das deutsche Volk als Vorbild Europas stilisierte und behauptete, wir seien ein „reines Urvolk" und „nicht durch die Römer besudelt". Mit „unserer altehrwürdigen Sprache" und mit Hilfe der Philosophie könnten wir die europäischen Völker führen und moralisch regenerieren. „Heil Fichte!" möchte man da bitter ausrufen. Seine Themen waren hymnische Vaterlandsliebe, deutsches Nationalgefühl, Ausgrenzung alles Fremden. Fichte war Wegbereiter für den bösartigen Antisemitismus im späten 19. und 20. Jahrhundert.

Ein ebenso eifriger Vertreter der Deutschtümelei war der „Turnvater Jahn". Friedrich Ludwig Jahn propagierte völkische Ideen, Idealisierung des Mittelalters zusammen mit dem Kult der Leibesübungen. Er kleidete sich „altdeutsch", trug einen mächtigen Vollbart. Während der Befreiungskriege gegen Napoleon befehligte er eine Einheit. Seinen Männern befal er, nur Mann gegen Mann mit Beilen zu kämpfen. Jahn sah, dass die körperliche Ertüchtigung der Soldaten nötig war und entwickelte daraus seine Trainings- oder Übungsmethoden. Seinen Namen tragende völkische Turnvereine, sehr von den Arbeitern begrüßt, bestanden im ganzen deutschen Gebiet bis in die 1920er Jahre in großer Zahl. Er verlangte, die „moralische Volkskraft" durch „Jugendkeuschheit" und „Jugendgesinnung" zu stärken und das Leben „nur König und Vaterland" zu widmen. Fichte und Jahn akzeptierten nur die Volkszugehörigkeit aus der gemeinsamen Abstammung. Damit galten Ausländer, Juden und andere von Grund auf als ausgeschlossen.

Zwei politische Lager standen sich in Preußen ab 1812 gegenüber. Die adeligen Großgrundbesitzer mit anderen Konservativen, oder sagen wir Reaktionären, wollten die alten Machtstrukturen erhalten und festigen. Anders die schon genannten Reformer des preußischen Staatswesens. Diese Männer schafften Leibeigenschaft, Zunftwesen und andere „alte Zöpfe" ab und entwickelten ein effektives Schul- und Studienwesen. Sie beförderten neue Produktionsweisen, gewährten den Arbeitern Freizügigkeit in der Wahl ihrer Arbeit. Ihr Verdienst ist es, dass jenes oben genannte königliche Edikt über die Juden im März 1812 verkündet werden konnte. Es öffnete den Juden die ökonomische Welt und engte sie politisch doch weiter ein. Sie konnten nämlich wegen der Vorurteile, die König Friedrich Wilhelm III. gegen sie hegte und durch den Widerstand des Adels keine öffentlichen Ämter erwerben. An den staatlichen Universitäten und Hochschulen konnten sie keine Professuren erhalten. Und doch meldeten sich viele Juden zum Kriegsdienst, als der König sein Volk gegen Napoleon zu den Waffen rief. Sie wirkten mit am Sieg in Leipzig und Waterloo, doch entzogen sie sich damit selber die bisher erreichte Form ihres Lebens. Denn mit der „Restauration" nach dem Wiener Kongress gewannen die alten Mächte unter der Regie des Fürsten Metternich ihre Oberhand zurück.

Eine Zeit der Bespitzelung, der Engstirnigkeit und damit auch des **Hass**es gegen die Juden, die an allem schuld wären, begann. Der biedere Herr Meier verlieh dieser Epoche seinen Namen. Biedermeier wurde sogar eine Stilepoche.

Die Schlussakte des Wiener Kongresses erlaubte den Staaten, die Rechtsstellung der Juden wieder auf den Stand vor den französischen Eroberungen zu bringen. Reaktion ist das richtige Wort dafür. Zu Rückentwicklung und Ungewissheit kam eine Periode der Verunglimpfung der deutschen Juden mithilfe übler Witze, Theaterspektakeln und einer allgemeinen Mode, das jüdische Wesen, auch das Jiddisch, ständig ins Lächerliche und Verächtliche zu ziehen. Bald, 1819, wurden aus bösen Worten böse Taten. Attacken mit der Bezeichnung „Hepp-Hepp" führte man gegen die Juden. Der Ausdruck kommt von einem Spruch, der übersetzt lautet: „Jerusalem ist verloren". Von München aus verbreitete sich die Krawall-Welle über 30 weitere Städte. Deutsche Arbeiter und Kaufleute sahen ihren Lebensunterhalt gefährdet, wenn die Juden in die Gesellschaft aufgenommen würden. Die wirtschaftliche Lage war immer noch durch die Kosten der Kriege und das „Jahr ohne Sonne", 1816, geschwächt. Frühe Konzentration von Kapital fand statt und Arbeiter verloren die Arbeit, dort, wo die Stabilisierung von Produktion misslang. Ursachen von Pleiten und das Wandern von Kapital durchschaute die Masse nicht. Darum mussten die Juden wieder als Verursacher herhalten. Der **Hass** führte die Juden in ein ständiges Auf-und-Ab in einer unbeständigen politischen Atmosphäre.

Oben sprachen wir vom Übertritt vieler Juden zum Christentum und hörten auch von den Enttäuschungen über die oft vergebliche

Mühe, als Deutscher anerkannt zu werden. – Weil es Theologen und Philosophen gab, die Konversion ablehnten, verschärften sich die Widersprüche. Ein Jude namens Stahl war selbst konvertiert, wurde Universitätsprofessor und schrieb in einem Buch, die Juden wären „moralisch minderwertig". 1847 schrieb er, die Emanzipation der Juden in einem christlichen Staat sei zu verneinen. Er fand das Ohr führender Politiker.

Der Theologe Schleiermacher befürchtete, dass ein massenhafter Übertritt von Juden die Kirche „judaisieren" könne.

Im frühen 19. Jahrhundert hatten die Verleumdungen der Juden mit Hostienschändung (mysteriöses Vorkommnis Anfang 16. Jahrhundert in Brandenburg) und Ritualmorden ihre Glaubwürdigkeit verloren. Dafür verbreitete sich die politische Meinung, die Juden seien für immer fremdartig. Später beharrte auch Bismarck darauf, Deutschland könne nur ein christlicher Staat sein. Die Juden blieben automatisch Bürger zweiter Klasse. Zu ihrem Unglück entstand ein neuer „wissenschaftlicher Antisemitismus", der sich ökonomischer, nationaler und biologischer Betrachtungsweisen bediente. Darunter war der junge Journalist Karl Marx. Selbst jüdischer Abstammung, aber getauft, schrieb der Sechsundzwanzigjährige, die Juden an sich wären „archetypisch Kapitalisten". Er fragte: „Welches ist der weltliche Kultus des Judentums?" und antwortete: „Das Geld ist der eifrige Gott Israels, vor welchem kein anderer Gott bestehen darf."

Die Gründe für den herausragenden Erfolg von Juden kann man so beschreiben: Wenn begabte Menschen, mit einem hochtrainierten

Leistungswillen, mit überdurchschnittlichen Fähigkeiten auf einer Bühne mit anderen auftreten, dann sind die ersteren logischerweise die Besten. Und das waren die Juden im Geldgeschäft und im Kreis von Unternehmern. Marx war nicht unbedingt Antisemit, er betrachtete lediglich die im kapitalistischen System heimisch gewordenen Juden als Teil der Ausbeuterklasse.

Für viele arme Juden und auch beiseitegelassene Deutsche gab es im aufgehenden Kapitalismus keinen anderen Weg mehr, als auszuwandern. Der Exodus begann um 1820 und bis 1910 wanderten 5 Millionen Deutsche aus, vorrangig in die USA. Darunter waren aus den bekannten Gründen sehr viele Juden. Im „Deutschen Reich" (ab 1871) bewirkte die Industrialisierung den Zug vom Land in die Stadt. Arbeiter waren ausgewandert, um ihrem Elend zu entgehen. Landleute, denen es noch schlechter ging, ersetzten sie, zumal immer mehr Arbeiter gebraucht wurden.

Die Märzrevolution von 1848 kostete in Berlin 230 Menschen das Leben. König Friedrich Wilhelm IV. hatte schießen lassen. Er musste dazu öffentlich Stellung nehmen und verzichtete schließlich auf einen Teil seiner Macht in einer konstitutionellen Monarchie. Zehn Juden waren unter den Erschossenen. - Die Nationalversammlung in der Paulskirche zu Frankfurt hatte 830 Abgeordnete; davon waren sieben Juden und zehn getaufte Juden. Ein jüdischer Jura-Professor aus Köln wurde im Dezember 1848 zum Präsidenten des Parlamentes gewählt. In der Verfassung, die dort entstand, heißt es im Artikel V: „Durch das

religiöse Bekenntnis wird der Genuss der bürgerlichen und staatsbür-
gerlichen Rechte weder bedingt noch beschränkt." Das ist der Grundsatz von Religionsfreiheit. In der Debatte um die Definition, wer ein
„Jude" sei, erklärte der jüdische Abgeordnete Gabriel Riesser, dass die
Juden keine Nation, sondern nur eine religiöse Gruppe seien. Weiter
sagte er: „Wo ist denn der andere Staat, gegen den wir Pflichten zu
erfüllen haben. Wir sind nicht eingewandert, wie sind eingeboren, und
weil wir es sind, haben wir keinen Anspruch anderswo auf eine Heimat;
wir sind entweder Deutsche oder wir sind heimatlos."

Begeisterung herrschte unter den Juden, denn die Beschlüsse der
Nationalversammlung sollten sie zweifach befreien: Von der allgemeinen Zurückweisung und von der zur inneren Tyrannei gewordenen
Herrschaft der jüdischen Gemeinden. Auch gläubige Juden begrüßten
die öffentliche Anerkennung ihres Status, weil sie künftig ihren Glauben offener praktizieren könnten.

Im April 1849 stellte die Nationalversammlung eine Delegation zusammen, zu der auch jüdische Bürger gehörten, die dem Preußenkönig
Friedrich Wilhelm IV. die Krone eines vereinigten Deutschlands an-
trug. Der König lehnte ab, weil er „nicht von Gnaden des Volkes" re-
gieren wollte. Einem Vertrauten schrieb er, er lasse sich „nicht mit einem Hundehalsband an die Revolution von 1848 ketten" Die Krone
sei aus „Dreck und Letten gebacken". (Letten bezeichnet ein sandiges
Lockergestein.)

Weil durch die Ablehnung des Königs kein vereinigtes Deutschland
gegründet werden konnte, verlagerten sich die Fragen zu den Rechten

der Juden wieder auf die Einzelstaaten. - In Preußen lebten damals 200 000 Juden, denen in der Verfassung von 1850 die Gleichstellung zugesprochen worden war. Doch ihr Status wurde wieder abgeschwächt durch die Erklärung, dass Preußen ein christlicher Staat sei. Und so konnten sie weder Staatsbeamte, Professoren noch Heeresoffiziere werden. Weil sie aber Anwälte, Verleger, Bankiers, Künstler und Fabrikanten waren, die sich in ihrer Lebenshaltung weit von den Massen abhoben, galt ihnen immer weiter der **Hass**.

Immer wieder gab es im 19. Jahrhundert geistige Führer unter gläubigen wie weltlich gesinnten Juden. Sie versuchten, das allgemein von guten Deutschen vorgelebte Verhalten ihren Leuten anzugewöhnen. Niemand, ob arm oder reich sollte durch hergebrachte Eigenarten auffallen. Es gelang ihnen immer besser. Eine Zeit der Kritik und Befreiung von starren Riten und Gesetzen sollte das jüdische Leben reformieren. Die Bemühungen der Juden, sich voll zu integrieren waren groß. Weil wir den Ausgang kennen, wissen wir, dass all ihr Streben auf Dauer bis in das „Dritte Reich" vergeblich war.

Das deutsche Kaiserreich

Anerkennung

Die Wege der jüdischen Emanzipation und der Entstehung des Deutschen Reiches lagen parallel zu einander. Letztere hatte der preußische Ministerpräsident Otto von Bismarck mit Beharrlichkeit und großem Druck verfolgt. Er führte Kriege, 1864 gegen Dänemark, 1866 gegen Österreich und 1871 gegen Frankreich, und er gewann sie.

Im deutsch-französischen Krieg hatten 7000 Juden mitgekämpft. Im Jahr der Reichsgründung 1871 hob man per Gesetz alle Beschränkungen, die aus der Verschiedenheit der religiösen Bekenntnisse „hergeleitet" waren, auf. Trotzdem verlangsamten einige Bundes-Staaten die Durchsetzung.

Die rasante Entwicklung der Industrie brauchte Energie, Transportmittel, sie brauchte Kapital für das Wachstum bestehender und neuer Unternehmen. Für alles zusammen brauchte sie Menschen mit organisatorischen Fähigkeiten. Juden besaßen Unternehmen für Metall- und Papierproduktion, für Chemie und Textilien. Immer mehr beteiligten sie sich am Eisenbahnbau, dem Pressewesen, dem Bankwesen und Warenhäusern als neuester Form des Handels. All diese jüdischen Unternehmungen wurden überragt von deutschen Industriegiganten wie Siemens, Krupp, Borsig. Aber doch war jeder zweite Industrieelle in Berlin ein Jude, obwohl nur drei Prozent der Bevölkerung jüdisch waren. Manche dieser Juden gelangten über die Universität zu der Möglichkeit, ein Unternehmen zu gründen oder für maßgebliche Posten eingestellt zu werden. Ein solcher Mann war Heinrich Caro. Als

Chemiker machte er um 1870-80 in der Anilin-Farben-Industrie solche Entdeckungen und Erfindungen, dass er einer der Gründer der „I.G. Farben" wurde. Er konnte nicht ahnen, dass sein Unternehmen nach 1945 von den Alliierten zerschlagen würde, weil es neben anderen „kriegswichtigen" Produkten das Gas „Zyklon B" herstellte, mit dem seine Glaubensbrüder in Auschwitz „vergast" wurden.

Juden exportierten Kunstdünger in die USA, stellten erst Nähmaschinen, dann Gewehre her, später Straßenbahnen, Rüstungsgüter, Automobile und schließlich Flugzeuge. Diese Unternehmer waren nicht nur bereit, für neue Werke und Maschinen ihr Kapital zu riskieren, sie erprobten auch die Finanzierungsmethode „Ausgabe von Aktien". Dem war natürlich nicht nur Erfolg beschieden. Es gab Pleiten mit schlimmen Folgen für die Anleger. Der moderne Antisemitismus setzte daher die Juden mit dem Kapitalismus gleich, obwohl sie nur ein kleiner Teil der Kapitalisten-Klasse waren.

Aus der Erfindung der Glühbirne durch Edison sah der Jude Emil Rathenau die Entwicklung der Straßenbeleuchtung, die Kabelproduktion und Verlegung, den Bau von Kraftwerken, die Nutzung der Elektrizität in Industrie und Haushalten der Deutschen voraus. Er gründete die „Allgemeine Elektrizitätsgesellschaft", die AEG. Als er 1915 starb, hinterließ er ein Unternehmen mit 70 000 Beschäftigten.

In den Vorständen von Banken saßen Christen und Juden Seite an Seite. Die Deutsche Bank begann als Seehandelsbank. Der nichtjüdische Industrielle Georg von Siemens rief zusammen mit Albert Delbrück die DB ins Leben und lud den aus einer jüdischen Bankiersfamilie stammenden Ludwig Bamberger ein, sich zu beteiligen und ins Direktorium einzutreten. Bamberger war auch Politiker. Er wurde 1871 in den ersten Reichstag gewählt. - Seine reichen Erfahrungen als Bankier stellte er bei der Gründung und Einrichtung der „Reichsbank" und bei der Einführung einer einheitlichen deutschen Währung mit Golddeckung zur Verfügung. Die später zweitgrößte Bank gründete der Dresdener Jude Eugen Gutmann. Sein Gebiet war das Investitionsgeschäft. Er lenkte das Geld seiner Anleger in die Industrie und eröffnete in mehreren deutschen Großstädten Filialen der Dresdner Bank.

Der berühmteste jüdische Bankier im 19. Jahrhundert war Gerson Bleichröder. Er war der Vertraute Bismarcks und als Besitzer einer Berliner Bank kümmerte er sich um Bismarcks Besitz und dessen Vermehrung; auch um den des preußischen Hochadels. Nach dem Ende des deutsch-französischen Krieges wurde Preußen-König Wilhelm deutscher Kaiser, mit der Ausrufung im Schloss von Versailles. Zu den Verhandlungen über die Kriegsentschädigung durch den Verlierer Frankreich wurde Bleichröder hinzu gebeten. Für seine Expertise erhob ihn Kaiser Wilhelm I. in den Adelsstand. Als ersten Juden! Der hatte es also weit gebracht. Aber von der Gesellschaft, insbesondere der gehobenen, wurde er nicht akzeptiert. Selbst Bismarck soll ihn als ein peinliches Geheimnis empfunden und behandelt haben. Wir sehen, dass Angehörige eines kleinen Teiles der deutschen Bevölkerung durch ihre Energie hohe Stellungen erklommen.

Im Pressewesen ragen die Namen Sonnemann, Ullstein und Mosse hervor. Die „Frankfurter Zeitung", viele Berliner Tageszeitungen, sogar Morgen- Mittags- und Abendblätter darunter, gaben diese Männer heraus. Mosse entdeckte die Reklame für Firmen und Produkte, für Theater und Veranstaltungen als gute Einnahmequelle. Der Presse-Zar Leopold Ullstein hatte fünf Söhne, die alle im Unternehmen für neue Methoden und Techniken wirkten. Der Straßenverkauf von Zeitungen brachte mehr als die Lieferung an Abonnenten. Die Setzmaschine für die Bleilettern ermöglichte es 1897 Ullstein zuerst, zwischen dem Eingang einer Nachricht und ihrem Massendruck nur 8 Minuten vergehen zu lassen. Er und andere jüdische Herausgeber von Zeitungen stiegen in das Verlagsgeschäft ein und nahmen Schriftsteller von Rang unter Vertrag. – Der immer weiter sich ausdehnende Eisenbahnbau, die Kohle- und Stahlindustrie waren Felder, auf denen Juden wie Nichtjuden sowohl erfolgreich als auch ruinös tätig waren. Ein Börsenkrach von 1873 zerstörte Unternehmen und Projekte aus beiden Lagern. Aber die Rolle von Juden, die früher nur Finanziers der Mächtigen darstellten, war nun die freier Unternehmer.

Eine große, aber tragische Figur war der Hamburger Jude Albert Ballin. Der noble Ballin-Damm in Hamburg erinnert an ihn. Er war Chef der „Hamburg-Amerika-Linie", allgemein HAPAG genannt. Er verlagerte die Auswanderer-Fracht von England in die deutschen Nordseehäfen mittels einer eigenen Flotte, sorgte für ordentliche Unterkünfte der wartenden Passagiere. Unterkunft an Bord und das Essen waren besser als auf englischen Schiffen. Ballin wurde von Wilhelm II. für den Aufbau der Kriegsflotte eingespannt und half, den maritimen

Wettstreit mit Groß-Britannien zu forcieren. Mit dem verlorenen ersten Weltkrieg brachen das Kaiserreich und die HAPAG zusammen. Ballin nahm sich das Leben.

Man kann eine ganze Reihe jüdischer Bankiers und Unternehmer Magnaten nennen; Großindustrielle. Sie bildeten eine kleine Gruppe übergroßer Gestalten.

Die bürgerlichen Schichten jüdischer Abstammung betätigten sich in der deutschen Gesellschaft als Vermittler. Sie betrieben Groß- und Einzelhandel, Speditionen, Droschkenfirmen, Reedereien und Hotels. Im Kaiserreich traten sie mit Konfektions- und Textilläden hervor. Sie fielen in den Hauptstraßen mit gepflegten Läden auf.

Deutschland hatte 1910 sechzig Millionen Einwohner. 600 000, also 1 Prozent der Gesamtbevölkerung, waren Juden. Eigenartig erscheint uns heute, dass es statistisch untermauerte Prognosen gab, welche den Untergang der jüdischen Gemeinschaft vorher sahen. Jüdische Menschen heirateten christliche Partner. Mischehen, Taufen, Austritte, rückgängige Geburtenzahlen und Selbstmorde reichten einem Soziologen für den Satz: „Die Juden sind ein untergehendes Volk." Gemeint war, die Juden würden allmählich in Deutschenland assimiliert, aufgesogen, unwiederbringlich und künftig nicht mehr erkennbar.

Bildung

Widersprüchlich zu nennen ist der Zustand, in welchem sich die jüdischen Gemeinden des Kaiserreiches befanden. Der Glaube, die Gläubigen schwanden einerseits, aber sie bauten prächtige Synagogen. – Während ihnen das jüdische Erbe abhandenkam, übernahmen sie Trägerschaften in der deutschen Kultur. Sie schickten ihre Söhne in großer Zahl auf die Universitäten. Aber im Jahre 1909 hatten es nur 25 Juden zu ordentlichen Professoren geschafft, natürlich alle getauft. Im Theater, im Verlagswesen, als Ärzte oder Anwälte und in anderen freien Berufen waren sie stark vertreten. Jüdische Familien abonnierten Opern- und Konzertreihen, galten als Büchernarren und wurden selbst Förderer deutscher Kultur, der Künste, der zeitgenössischen Literatur. Auch dem Hebräischen, der religiösen Literatur galt ihre Aufmerksamkeit. Keine jüdische Familie war ohne Klavier im Hause. Kinder mussten Instrumente lernen.

Bildung bedeutete den Juden mehr als nur ein Wissensfundus. Sie umfasste die Resultate der Aufklärung, von der sie sich schon von Beginn an mehr Freiheiten und Anerkennung erhofft hatten. Im Zitieren deutscher Klassiker waren Juden und Nichtjuden gleich auf. Die Juden verinnerlichten die deutsche Kultur und wurden zu ihren Verfechtern. Sie gaben ihren Kindern Namen germanischen Ursprungs wie Siegfried, Herman, Helga oder Hedwig.

Weil der Antisemitismus nicht aus der Welt war, weil die gesellschaftliche Ablehnung weiterhin bestand, schufen sich die Juden ihre eigene Sozialsphäre und führten ein Doppelleben. In der Öffentlichkeit, in den beruflichen Feldern mühten sie sich, so deutsch wie möglich zu erscheinen. Sie waren tatsächlich so deutsch, man gönnte es ihnen aber nicht. Es wurde ihnen sogar vorgeworfen, sie wollten mit vorgeführtem Deutschtum nur täuschen.

Die Juden hatten sich mit Energie gehobene Positionen erkämpft. Aber die absoluten Spitzen wie Thomas Mann, der große Romancier, der naturalistische Dramatiker Gerhard Hauptmann, der expressionistische Maler Emil Nolde, der Architekt Walter Gropius, um nur einige zu nennen, waren Nichtjuden. Man kann also nicht sagen, die Juden hätten die deutsche Kultur dominiert. Herausragende jüdische Künstler waren zum Beispiel der Maler Max Liebermann und die Schriftstellerin Else Lasker-Schüler. Liebermann, ausgestattet mit einem eleganten Gelehrtenschädel, „berlinerte" und konnte sich drastisch ausdrücken. Als die „Nationalsozialisten" und ihre Schlägertrupps immer mehr von sich reden machten, hat er gesagt: „ Ick kann jar nich so viel fressen, wie ick kotzen möchte."

Die Warenhäuser

Schon 1849 eröffnete Herrmann Gerson in Berlin ein Kaufhaus nach französischem und amerikanischem Vorbild. Dort hatten sich solche Häuser aus Textilgeschäften entwickelt. Da immer mehr Menschen in die Städte zogen, weil sie dort mehr verdienen konnten als auf dem Lande, gab es großen Bedarf nach allen möglichen Gütern. Ab 1871 entstanden bis in das 20. Jahrhundert Kaufpaläste in denen Waren in solcher Vielfalt und Menge zu bestaunen waren, wie es die Menschen nie erwartet hätten. In den großen Städten wandelte sich das alte Verhältnis von Verkäufer und Kunde total. Tausch, Kauf, Kredit, Kundentreue und auch Feilschen verschwanden dort und ganz neue Regeln galten plötzlich. Preise waren Festpreise, die Kunden konnten sich ungehindert umsehen, ohne zu einem Kauf gedrängt zu werden und (!) die erstandenen Waren konnten zurückgegeben werden. Der größte Anreiz waren niedrigere Preise als anderswo. Der Stil des Einkaufens wandelte sich gleichlaufend. Prächtige Bauten und Ausstattungen, Verlockungen mit Luxus und Schmeicheleien veranlassten die Frauen vom Lande zur Fahrt in die Stadt den Sonntagsstaat anzulegen. Weihnachtsdekoration, Lichtreklame, festliche Atmosphäre ließen den Einkauf zum Erlebnis werden. Dazu ließen sich die Werbestrategen immer Neues einfallen. Man konnte im Kaufhaus in Restaurants und Cafés speisen, es gab Ruhezonen, sogar Lese- und Musikzimmer. Waren konnten ins Haus geliefert werden und, was ein erster Grundsatz der Unternehmen war: Verkäuferinnen und Verkäufer waren geschult in Warenkunde und aufmerksamer Bedienung. Im Sommer schenkte das Warenhaus Gerson in Berlin im Eingangsbereich kostenlos kühle Getränke aus. Objekte zum Staunen waren die Aufzüge in den vielgeschossigen Häusern. Und dann gab es sogar Rolltreppen.

Vom thüringischen Gera aus baute Tietz ein Unternehmen mit 36 Filialen auf. Aus Zwickau stammend gründete Schocken 6 Warenhäuser. Wertheim begann in Stralsund mit einem Textilhandel, der sich unter seinen Söhnen als Warenhauskette ausbreitete. In Berlin, der Kaiserstadt, standen natürlich die Flaggschiffe dieser Kaufhauskonzerne.

Die Bauten stellten in Architektur und Nutzungsmöglichkeiten bahn-brechende Leistungen der Architekten dar. In der Wilhelminischen Ära sind Warenhäuser zu auffallenden Glanzlichtern im Stadtbild ge-worden. Sie wurden zu anziehenden Treffpunkten, Orten der Erho-lung und natürlich zu Orten der Befriedigung von Kaufwünschen. Ein neues Wort entstand, nämlich „Schaufensterbummel". – Aber sie wur-den auch Gegenstand von Konflikten. Kleine Einzelhändler sahen sich benachteiligt, weil sie mit den Preisen der Großen nicht konkurrieren konnten. Statistisch ergibt sich aber, dass der Umsatz der Warenhäuser am gesamten Einzelhandelsumsatz in Deutschland nur 3 bis 4 Prozent betrug. Jedoch, Neid und Missgunst schürten auch hier den **Hass**.

Eigenartig ist, dass mustergültige Zweckbauten mit gefälliger Architek-tur von Juden in Auftrag gegeben wurden, aber beim Bau von Synago-gen fasst von Stillosigkeit gesprochen werden kann. Da orientalisiert die eine, die nächste ähnelt einer Burg, eine andere gleicht einem über-ladenen Bahnhofsgebäude, wieder andere mischen Barock, Renais-sance und Klassizismus, sogar Romanik und Gotik in einem. Einen typischen Charakter wie Kirche mit Turm oder Moschee mit Minarett gibt es nicht. Hier kann das nicht erklärt werden. Man kann nur sehen, dass die jüdischen Gemeinden Wohlstand und Selbstvertrauen de-monstrierten. Früher waren Synagogen häufig auf Hinterhöfen ver-steckt gewesen. Gegenstand von Kritiken waren in den Großstädten auch prächtige und zum Teil überbordende Grabmäler jüdischer Fa-milien.

Der letzte Kaiser

Als Kaiser Wilhelm I. starb, bestieg sein Sohn Friedrich III. den Thron. Er starb nach 110 Tagen seiner Regentschaft. Dessen Sohn Wilhelm, bisheriger Kronprinz, wurde 1888 Kaiser Wilhelm II. (Ein Jahr, in dem es 3 Kaiser gab.) Die Mutter Victoria, Tochter der britischen Königin Victoria, sorgte sich mit ihrem Gemahl Friedrich um die geistige und sittliche Entwicklung des jungen Wilhelm. Er wurde als launisch und schwach im Urteilsvermögen wahrgenommen. Sie bemerkten in seinem Verhalten und Reden ausgeprägten Antisemitismus. Schon lange beklagten sich die Eltern Wilhelms über seine Gefühlskälte und sein abweisendes Verhalten ihnen gegenüber. Er ließ sich auch nicht über seinen gesellschaftlichen Umgang in Diskussionen ein. Die Predigten des Dompredigers Stöcker und die Traktate des Historikers Treitschke gegen die Juden bestätigten die Haltung des Prinzen in der „Judenfrage". Friedrich prangerte die „Aufhetzerei gegen die Juden" an, sein Sohn begrüßte sie. So klagte Treitschke in den „Preußischen Jahrbüchern" das „gefährliche Übergewicht des Judentums" im öffentlichen Leben und rief aus: „Bis in die Kreise der höchsten Bildung hinauf ertönt es wie aus einem Munde: die Juden sind unser Unglück." Der Theologe schrie, die Deutschen müssten das jüdische „System aus ganzer Seele hassen", es bestehe ein „Krieg", es gehe „um Sein oder Nichtsein des deutschen Volkes". Solcher Judenhetze, an der sich Professoren und Studenten an Wilhelms Universität in Bonn beteiligten, verschloss sich der künftige Kaiser nicht. Seine Mutter wollte die beiden Berliner Hetzer und andere, wie auch deren Anhänger gerne in einer

Heilanstalt sehen. Verzweifelt versuchte das Kronprinzenpaar öffentlich Zeichen gegen die offene Verteufelung der Juden zu setzten. Sie besuchten Synagogen, Konzerte, die dort stattfanden und zeigten sich in Staatsrobe mit den geistlichen Führern der jüdischen Gemeinde. Den Sohn konnte das nicht beeindrucken. Victoria beriet mit Friedrich, an welche vernünftigen Männer, adelige wie bürgerliche, man Wilhelm heranführen könnte, um seine Einstellung zu verändern. Wilhelm versagte sich solchen Bemühungen. - Über Zeugnisse aus seiner Grundhaltung zu den Juden als regierender Kaiser verfüge ich nicht. Dass er leichtfertig mit der Politik umging, ist bekannt. Seine verdeckte Kriegstreiberei, die Aufrüstung zu Lande und zu Wasser, seine Geldpolitik, die der Reichsbank auftrug, umlaufendes Gold zu horten, für den Krieg natürlich, und darum mehr Papiergeld in Umlauf zu bringen, waren offenkundig. Schließlich hatte er seinen Krieg und die deutschen hörten in seiner Rede zum Beginn des Unglücks: „Ich kenne keine Parteien mehr, ich kenne nur noch Deutsche." Das muss den aufgepeitschten Patriotismus so angefeuert haben, dass viele Juden, die sich ganz als Deutsche fühlten, von ihrem „geliebten Deutschland" schwärmten, freiwillig zu den Waffen eilten und dann zahlreich ihr Leben opferten. Die Zahlen der Teilnehmer und der Gefallenen zweifelten Antisemiten immer wieder an. Doch konnten die deutschen Juden exakte Listen vorlegen. Die log man einfach weg. – Ein jüdischer Kriegsteilnehmer schrieb über seine Militärzeit: „ Zum ersten Mal begegnete ich jenem in den Volkskörper eingedrungenen dumpfen, starren, fast sprachlosen Hass, von dem der Name Antisemitismus fast nichts aussagt, weil er weder die Art, noch die Quelle, noch die Tiefe, noch das Ziel zu erkennen gibt." Er zählt die Elemente Aberglaube, freiwillige Verblendung, Dämonenfurcht, pfäffische Verstocktheit, Unwissenheit, Lüge, Gewissenlosigkeit und religiösen Fanatismus auf, die er mit seinen Beobachtungen der nichtjüdischen Kriegskameraden entdeckt hat. Es war der bedeutende deutsche Erzähler Jakob Wassermann. Das erwähnte Ziel haben wenige Jahre später die Faschisten formuliert.

Der Erste Weltkrieg ging verloren. Abdankung des Kaisers, Revolution, Militär-Putsch, zerrüttete Wirtschaft trafen die Deutschen. Die Inflation (Aufblähung des Geldumlaufs) 1923 vernichtete Kapital, vernichtete Existenzen, brachte für einfache Leute Hunger, Krankheit und Verschuldung auf viele Jahre hinaus. Sparer verloren alles, was sie Geldinstituten anvertraut hatten. – Die Weimarer Republik hatte plötzlich 1924 wieder die goldgestützte Reichsmark. Die Leute sagten zu ihr, selbst wenn sie Papiergeld in der Hand hielten, „Goldmark". Die „Goldenen Zwanziger" mit widersprüchlich verlaufender gesellschaftlicher Entwicklung, endeten 1929 in der Weltwirtschaftskrise, die den Nazis für ihre politischen Ziele gerade recht kam. Finanziell vom Großkapital unterstützt, politisch durch reaktionäre und monarchistische Kreise in Stellung gebracht, kamen sie 1933 an die Macht. Wie sie politische Gegner ausschalteten, Konzentrationslager schufen, alle wichtigen Ämter und die Justiz mit ihren Kostgängern besetzten, weiß man auch. Zwei Monate nach der „Machtergreifung" begannen sie organisierten Boykott gegen jüdische Händler und Fabrikanten. Jüdische Professoren und Justizbeamte wurden entlassen. Schließlich wurden Juden enteignet oder zum Verkauf für lächerlichen Erlös gezwungen. Der Staat und private Mitglieder des Nazi-Netzwerkes bereicherten sich an jüdischem Eigentum. Fluchten, geglückte und missglückte, Verhaftungen, öffentliche Demütigung erlitten die Juden massenweise. Jeder kennt die überaus zahlreichen Berichte und Dokumentationen dazu. Film und Fernsehen, auch der Rundfunk berichten dankenswerterweise immer wieder darüber.

Das Ende

In der Falle des Krieges gefangen waren diejenigen Juden, denen es nicht gelang, Deutschland rechtzeitig zu verlassen. Sie wurden aus ihren Berufen entlassen, mussten in der Rüstungsindustrie Zwangsarbeit leisten, durften am Tag eine Stunde auf die Straße für ihre Besorgungen. Dabei war ihnen die Benutzung öffentlicher Verkehrsmittel verboten. Ab September 1941 mussten sie den gelben Davidsstern tragen. In seinem Mittelfeld stand deutlich gedruckt das Wort „Jude". Ihre Pässe kennzeichnete ein rotes, 3 cm großes „J". In ihren „Kennkarten" stand vor dem eigenen Vorname bei Frauen „Sarah" und bei Männern „Israel". Im Oktober begann die systematische Deportation der Juden nach Osten in die Vernichtungslager. Hitler befahl, dass Deutschland bis Februar 1943 „judenfrei" sein musste. Nur wenigen Juden gelang es, sich zu verstecken, versteckt zu werden, oder sich mit Dokumenten als „Arier" auszugeben. Zur Rettung von Juden trugen in den meisten Fällen Nichtjuden bei. Ein guter Bekannter berichtete mir von einem Juden namens Stern, dessen Sohn sein Mitschüler gewesen ist. Der hat erzählt, was seinem Vater als Kind passiert ist. Beim Zusammentreiben von Juden im Baltikum wurde er als kleiner Junge von seiner Mutter getrennt. Er rannte ziellos und schreiend umher. Ein Soldat wollte ihn fassen, da rief ein hoher SS-Offizier: „Hier bist du also, du Ausreiser. Lassen sie mal sein, das ist meiner." Er nahm das Kind mit, ließ es bei sich aufwachsen und gab ihm seinen Namen. Unter dem richtigen Namen hat der Sohn dieses Geretteten Germanistik und Literaturwissenschaft studiert. In den befreiten baltischen Staaten hat er über deutsche Kultur gelehrt und öffentlich gesprochen. Er hat dort geheiratet. - Unglaublich, der Befehlshaber einer Mörderbande als Retter eines kleinen Juden. Im Verzeichnis der „Gerechten unter den Völkern" steht er nicht. - Wir denken an den Film „Schindlers Liste." Dieser barmherzige Unternehmer hat seine Rettungstaten nicht einmal selbst bekannt gemacht. –„Reichskristallnacht". Hört ein junger Mensch dieses Nazi-Wort, denkt er, da muss ein großes, prächtig glitzerndes Event veranstaltet worden sein. Es war aber die Reichspogromnacht vom 8. auf den 9. November 1938, in der jüdische Geschäfte und Synagogen zerstört wurden. Tausende Juden marschierten danach in Kolonnen in die „KZ" und „Schutzhaftflager". Diese Pogromnacht war der Auftakt zur vom Staat gelenkten Judenvernichtung.

1600 Jahre deutsch-jüdischer Geschichte
fanden in der Shoah ihr Ende.
Umgebracht oder verstreut war die jüdische Gemeinschaft. Denkmäler und Friedhöfe zeugen davon, dass sie lange hier gelebt haben. Zeugnis und Erinnerung sind festgehalten in Dokumenten, Tagebüchern, Briefen und Bildern - in den präzisen Akten des Nazi-Regimes und anderer Regierungen. -Unleugbar!-

Neuere Geschichte

Auch der Zweite Weltkrieg ging für Deutschland verloren. Es war der verlustreichste Krieg. Deutschland bestand ab 1949 aus zwei Staaten. Die DDR ging 1989/1990 unter. Die Vereinigung beider wurde Wirklichkeit.

Ich bin in der DDR aufgewachsen und weiß daher, dass jedes Schulkind durch Unterricht und Besuch in ehemaligen „KZ" lernte, was den Opfern des Faschismus, den Kommunisten, Sozialdemokraten, Christen, Roma und Sinti, Juden, Fremdarbeitern und Andersartigen angetan worden ist. Und die Trauer, besonders an Gedenktagen, war echt. Ein reines Judenthema gab es wohl nicht. Juden hatten sich zu Anfang für Ostdeutschland entschieden in der Hoffnung, ihre eigenen Ideale und Ziele in einem sozialistischen Staat zu verwirklichen. - Behinderungen von Juden hatten ihren Ursprung in der Haltung der SED, von „Partei und Regierung" zum Staat Israel. Daraus ergab sich Misstrauen. - Aus der Sowjetunion, Polen und anderen Ostblockstaaten auswandernde Juden bevorzugten es, in die Bundesrepublik Deutschland zu gehen. - Während des Krieges und kurz danach dehnte sich die jüdische Diaspora über Westeuropa, in beide Amerika bis nach Australien aus. Vielen Juden gelang es, nach Palästina zu kommen, wo sie die lange Zeit vorbereitete Idee eines eigenen Staates Israel verwirklichten. Geburtswehen, Kriege gegen Großbritannien und Ägypten, Kämpfe mit den angestammten Palästinensern und anderen Nachbarn erschwerten das Bestehen Israels. Dass der **Hass** sich auch aus dem Verhalten israelischer Regierungen speist, ist bekannt. Aber hier ist nicht der Platz dafür, das zu analysieren. Nur so viel: Große Teile der israelischen Bevölkerung sind für eine gütliche Einigung mit den Palästinensern.

Antisemitismus ist in Deutschland sichtbar. Die zum Denkmal gewordene Holztür zur Synagoge in Halle steht uns vor Augen. Der Mörder konnte sie mit seiner Schusswaffe nicht überwinden, mit der er viele betende Juden umbringen wollte. Stattdessen tötete er zwei ganz unbeteiligte Menschen in seiner kranken Wut. Dieser **Hass** ist nicht zu begreifen. Deutsche Juden, ob religiös oder nicht, fügen sich in unser Leben ein, wir würden sie gar nicht spüren, gäbe es diese konfusen Theorien von ihrer Schädlichkeit nicht. Das unverschämt Dümmste, was ich zum Thema Asyl hörte, war, Juden würden Muslime illegal nach Deutschland schleusen. - Mit der fortschreitenden Globalisierung werden die Widersprüche in Wirtschaft, Politik und Gesellschaft schärfer. Wir wissen, wie Weltorganisationen und viele Regierungen für Kompromisse sorgen, sich darum mühen. Denkt man nun an die Wanderungsbewegungen der Menschen aus vielerlei Gründen, viele davon aus den Folgen der Globalisierung sprießend, kann man daraus schließen, dass bestehende „rassische" und ethnische Gegnerschaft sich noch mehr ausbreitet und das Allgemeinwohl immer stärker belastet. Das Leben könnte unerträglich werden. Dem muss man klug entgegen wirken. Bei der Schulbildung fängt es an. Was Kinder in manchen Elternhäusern an Ungutem aufnehmen, muss ihnen mit pädagogischem Geschick genommen werden. Das kann über Generationswechsel dauern und fordert beharrlichen Kampf. Die Juden in unserem Land werden geschützt, ihre Schulen und Synagogen sind hoch gesichert, weil das leider notwendig ist. - Die Juden erlitten im Auf und Ab der Geschichte ständig Vertreibung, Unterdrückung, Verleumdung, Verächtlichmachung, Gewalt und Tod. Aber - sie blieben die großen Dulder. Das ist ein Phänomen. Denn von Rache und Vergeltung ihrerseits hört man fast nichts. Der Aufstand im Warschauer Getto 1943 war ein mutiges Zeichen, musste aber scheitern. Mehr Gegenwehr hätte vor der Geschichte keine Rechtfertigung gebraucht. Warum gab es keine nennenswerte Gegenwehr? Sie waren wohl immer zu wenige.

Die Menschen singen oder hören Schillers „Ode an die Freude" aus der „Neunten" Beethovens mit Begeisterung, aber auch mit Wehmut und Skepsis. Sie wissen, wie schwer es bleibt „alle Menschen Brüder" werden zu lassen. Den Uneinsichtigen, Verblendeten, den Bösen gilt unser Widerstand. Dabei sind so viele Hände gutwillig ausgestreckt. Ich erinnere an Yehudi Menuhin, der so früh nach dem Untergang des Nazi-Reiches nach Deutschland kam, seine Geige hob und deutsche unvergängliche Musik spielte, weil er von ihrer befreienden Kraft wusste; weil der Jude von ganzem Herzen ein Humanist war.

5000 Juden, aus ihren Verstecken herausgekrochen, wagten es, in diesem Deutschland ein neues Leben, neue jüdische Gemeinden zu begründen. Jetzt leben etwa 200 000 Juden bei uns. Die meisten sind dem ehemaligen Ostblock davongelaufen. Ihr Führungsorgan nennt sich „Zentralrat der Juden in Deutschland". Ob sie das eines Tages ändern und schreiben „…der deutschen Juden"?

Nachwort

Wir haben die Erkenntnis gewonnen, welche Wurzeln die Judenfeind-schaft hatte und leider immer noch hat: Die Kreuzigung Christi, Ver-leumdung, böser Aberglaube, Furcht, Fremdenhass, Neid aus geistiger und wirtschaftlicher Konkurrenz. All diese Aspekte wurden von Machthabern politisch benutzt. Hass und Hetze, bei vielen aus dump-fem, beschränktem Bewusstsein sprießend, wurden und werden von Demagogen genährt.

Heute leben ca. 15 Millionen Juden, davon 7,6 Mio. in Israel, die andere Hälfte in der Welt verteilt. Nicht ohne Erschütterung liest man in der nicht kommentierten Statistik die Zahlen für das Jahr 1934 mit 17 Millionen und für 1945 mit 11 Millionen. Sechs Millionen Juden verloren auf schreckliche Weise ihr Leben durch die Gewaltherrschaft der deutschen Faschisten von 1933 bis 1945. Die da in der Befehlskette mitgewirkt haben, waren nicht wenige. Das ist eine ewige Schande für das deutsche Volk, welches sich der großen Dichter und Denker, der Aufklärer und Humanisten rühmt. Ein geistiges Reich steht gegen ein Reich der Finsternis. Beidem müssen wir uns immer bewusst sein. Wir tragen keine persönliche und keine vererbte Schuld. Aber wir sollen, wo wir können oder gefordert sind, gegen den Antisemitismus auftre-ten, weil er inhuman, ungerecht und nicht mit vernünftigen Argumen-ten begründbar ist. - Man kann sich gegen manche politischen Maß-nahmen des Staates Israel stellen. Aber dabei darf man nicht sagen:

„Die Juden…". -Und noch eines: Man hüte sich, das Geschehen während der Nazi-Herrschaft für irgendwelche Vergleiche relativierend zu benützen.- Holocaust setzt sich altgriechisch zusammen aus *holos* und *kausis*, und das bedeutet „ganz verbrennen". – Womit wollte jemand die unter diesem Namen verzeichneten Verbrechen vergleichen?

Ich telefonierte neulich mit einer 90jährigen vertrauten Freundin. Sie wollte wissen, was ich zurzeit mache. Ich nannte den Arbeitstitel „Warum werden Juden gehasst?".
Spontan sagte sie: „Na wegen ihrer großen Fähigkeiten".

Was wir vielschichtig erarbeitet haben, lieferte die gebildete alte Frau aus ihrem lebenslang gewachsenen Bewusstsein als gültiges Fazit.

Gliederung

Herausragende jüdische Persönlichkeiten
des 19./20. Jahrhunderts im deutschsprachigen Raum

Sigmund Freud, Begründer der Psychoanalyse, 1856-1939

Fritz Haber, Erfinder der Ammoniaksynthese, 1868-1934

Albert Einstein, bedeutendster Physiker des Jhdts., 1879-1955

Samuel Fischer, Gründer des S. Fischer-Verlags, 1859-1934

Walther Rathenau, Außenminister, Attentatsopfer, 1867-1922

Albert Ballin, Reeder, 1857-19818

Ernst Bloch, Philosoph, 1885-1977, UNI Leipzig 1948 bis 1957

Walter Benjamin, Schriftsteller u. Kulturwissenschaftler, 1892-1940

Hannah Ahrendt, Philosophin, 1906-1975

Arthur Schnitzler, Arzt und Schriftsteller, Theater-Autor, 1862-1932

Alfred Döblin, Schriftsteller, 1878-1957

Stefan Zweig, Schriftsteller, 1881-1942

Franz Kafka, Versicherungsjurist und Schriftsteller, 1883-1924

Lion Feuchtwanger, Schriftsteller, 1884-1958

Joseph Roth, Schriftsteller, 1894-1939

Else Lasker-Schüler, Dichterin 1869-1945

Max Liebermann, Maler,
        Präsident der Preußischen Kunstakademie,1847-1935

Gustav Mahler, Komponist, 1860-1911

Max Reinhardt, Direktor Deutsches Theater Berlin, 1873-1943

Alfred Kerr, Theaterkritiker, 1867-1948

Theodor Wolff, Chefredakteur Berliner Tageblatt, 1868-1943

Karl Kraus, Satiriker, 1874-1936

Egon Erwin Kisch, Reporter,1885-1948

Erich Salomon, Fotokünstler, 1886-1944

Kurt Tucholsky, Schriftsteller, 1890-1935

Nehmt eine Suchmaschine zu Hilfe, um mehr zu erfahren

Quellen /Literaturhinweise:

Quelle

Die Bibel Altenburger Bibelgesellschaft 1966, Anhang   **A**

Die Entstehung der Bibel Schmidt/Schröder   **B**
Verlag C.H.Beck 2019

Geschichte der Juden in Deutschland   **C**
Ruth Gay Verlag C.H.Beck 1993

Wilhelm II. Die Jugend des Kaisers   **D**
John C.G. Röhl   Verlag C.H.Beck 1993

Der jiddische Witz Jakob Hessing Verlag C.H.Beck 2020 **E**

Der gelbe Fleck Rudolf Hirsch/Rosemarie Schuder, **F**
Rütten und Loening Berlin 1987

Hinweise:

Geschichte eines Deutschen   Sebastian Haffner dtv 2002

GEO EPOCHE Magazin für Geschichte Nr. 20 / 48755
„Die Geschichte des Judentums"

Wenn es ans Leben geht Peter Edel Verlag der Nationen 1977/79

Der Pojatz Emil Franzos Verlag Sankt Michaelsbund München 2010

Nachweis aus den Quellen A, B, C, D, E, F